밤 비행이 좋아

밤 비행이 좋아

승무원 출신 경험 컬렉터의 여행 이야기

초판 1쇄 발행 | 2020년 12월 5일

지은이 원희래
책임편집 박혜련
디자인 최윤선, 정효진
지도 일러스트 안선영
제작 공간

펴낸이 박혜련
펴낸곳 도서출판 오르골
등록 2016년 5월 4일(제2016-000131호)
주소 서울시 마포구 월드컵북로 400, 5층 13호(상암동)
전화 02-3153-1322
팩스 070-4129-1322
이메일 orgelbooks@naver.com
블로그 blog.naver.com/orgelbooks

ISBN 979-11-970367-1-2 03810

이 도서의 국립중앙도서관 출판예정도서목록(CIP)은 서지정보유통지원시스템 홈페이지(http://seoji.nl.go.kr)와 국가자료공동목록시스템(http://www.nl.go.kr/kolisnet)에서 이용하실 수 있습니다.(CIP제어번호: CIP2020049284)

밤 비행이 좋아

승무원 출신 경험 컬렉터의 여행 이야기

원희래 글·사진

일러두기

- 맞춤법과 외래어 표기는 현행 '한글 맞춤법 규정'과《표준국어대사전》(국립국어연구원)을 따랐다. 단 글의 흐름상 필요한 경우, 관용적 표기나 일부 구어체는 그대로 살렸다(빵오쇼콜라, 견습, 업그레이드하다 등).
- 책·정기 간행물은《 》로, 논문·기사·노래 제목은〈 〉로 표기했다.
- 영어식 이름과 섞어 쓰이는 지명은 현지 표기에 맞게 적었다(오스트리아 수도 Wien 빈[←비엔나] 등).
- 승무원 생활의 현장감을 전하고자 일부 비행 관련 용어는 현장에서 쓰는 단어로 표기하고 필요한 경우 각주를 달았다(외항사[←외국 항공사], 크루 등).
- 외래어로 된 상품명, 영화 제목 등은 우리나라에 소개된 이름을 살려 표기했다(까르푸,〈러브 액츄얼리〉등).

프롤로그

나의 경험에게, 슈크란 감사합니다

멀쩡히 다니던 회사를 그만두고 외항사 승무원이 되어 도하행을 택했을 때 행복했다. 퇴사부터 출국 준비까지 일사천리였고 떠나는 날까지 약 한 달 동안 흥분 상태였다. 드디어 적성에 맞는 일을 찾았노라 선언했고, 곧 마주할 경험이 나를 완전히 새로운 길로 이끌 거라 믿었다. 그냥 알았다. 언제나 경험이 경험을 낳았고 과거의 경험이 미래의 경험을 끌어왔다. 나는 매번 다른 것에 심취해 있었다. 발레, 외국어, 요가, 바이올린, 폴댄스, 한지공예, 실내암벽등반…. 이른바 경험을 수집하는 사람, '경험 컬렉터'였다. 모든 것에 서툴렀지만 언제나 새로운 경험을 찾아다녔다.

눈에 보이지 않는 경험을 내 안에 차곡차곡 쌓아나가는 행위는 유형의 물질을 모으는 것보다 더 짜릿하다. 내 안에는 어마어마한 경험들이 쌓여 있고 남들이 알아주지 않더라도 나는 알고 있다. 경험에는 한계가 없으며 누구나 경험으로 성장한다고 믿는다.

관련 없어 보이는 일련의 경험이 쌓이고 쌓여 큰 그림을 완성할 것이다. 경험 컬렉터로 10여 년을 살아온 사람으로서 확신한다.

여행은 경험의 영역에서 아주 큰 지분을 차지한다. 낯선 도시에서는 만나는 사람, 먹는 음식, 보는 풍경, 냄새, 소리, 언어가 전부 새롭다. 모든 걸 한 번에 수집할 수 있다니, 28인치 슈트케이스로 얻는 수확치고는 꽤 크다.

승무원으로 항공사에 근무하던 시절 어느 순간부터 비행기를 타는 게 당연하고 무감각해졌다. 눈앞에 펼쳐진 생경하고 아름다운 장면이 더 이상 아름답게 다가오지 않았다. 그러던 어느 날 비행 브리핑 룸에서 사무장이 한 말이 가슴에 날아들었다.

"비행기 티켓이 얼마인지 알고 있나요? 도하에서 파리로 가는 티켓 값이 대략 1,300달러더군요. 물론 여러분은 티켓 값은 신경도 안 쓰겠죠. 하지만 우리가 밥 먹듯이 타는 비행기가 어떤 사람에게는 평생의 소원일 수도 있어요. 열심히 일해 모은 돈을 파리에 가겠다는 일념으로 쏟아부은 거예요. 오늘 비행에서는 매 순간 누군가 간절히 원했을 그 꿈을 생각해 봐요."

그날 이후 나는 승객의 마음에 나의 에너지를 맞추려 노력했다. 비행을, 여행을 그리고 주어진 것들을 당연하게 여기지 않으려 했다.

한국으로 돌아온 지 1년이 다 되어간다. 그사이 많은 것들이 바뀌었다. 마스크 없이는 지하철도 못 타고, QR코드 없이는 매장에서 커피도 마실 수 없다. 퇴직금 대신 받은 리스본행 밤 비행기 티켓은 이미 증발해 버렸고, 여행이 전부인 내 인생에 위기가 찾아왔다. 비행기는커녕 기차 타고 하는 국내 여행조차 조심스러운 상황에 우왕좌왕하는 스스로를 보고 있자니 승무원 시절에 겪은 라마단이 떠올랐다.

라마단은 본디 가난한 이들의 굶주림을 체험하기 위해 한 달 동안 금식하며 신에 대한 믿음을 시험받는 이슬람교의 종교적 의식이다. 해가 떠 있는 동안 아무것도 입에 대지 않는다. 물도, 빵도, 연인의 입술도. 이슬람 국가인 카타르 도하에 있는 동안 나는 익숙지 않은 다수의 비일상에 반강제로 동참해야 했고, 대비 없이 맞이한 남의 종교의식은 더 이상 남의 일이 아니었다. 그래도 결국 '살아'남았다.

2020년 가을, 한국에서는 또 다른 비일상이 펼쳐지고 있다. 비행기, 공항, 승무원, 여행자 등 모두의 여행이 취소되었고 다수의 비일상이 일상인 척 돌아가기 시작했다.

여행은 일상과 비일상의 경계를 희미하게 만드는 힘을 갖고 있으며 그 여행이 사라진 지구는 특색 없는 우주의 작은 점일 뿐이다. 마음이 답답할 땐 집 근처 산 정상에 올라 하늘 가장 가까운 곳에 자리를 잡고 여행을 상상했다. 언제 다시 자유롭게 여행을 떠날지 기약은 없지만 이 책에 담긴 나의 여행이 그대를 미지의 세계로 이끌거나, 혹은 예상치 못한 향수를 불러일으켜 일상의 경계에 작은 점을 뚫는 돌파구가 되길 바란다.

《밤 비행이 좋아》의 1장과 2장은 비행 이야기다. 버건디 유니폼을 입고 하루에 한 차례 혹은 두 차례 비행하던 때 승무원으로서, 여행자로서, 수집가로서 나의 소중한 경험이 담겨 있다. 3장은 여행 관련 이야기로, 경험 컬렉터로서 나라는 인간을 보여준다. 겉으로 보이지 않는 무형의 경험을 글로 표현하려 노력했다. 이 책을 통해, 다양한 경험이 개인의 삶에서 어떻게 특별한 의미를 차지하게 되는지 전달하고 싶었다.

지난 글을 추리고 새로운 글을 쓰면서 나를 되돌아볼 수 있었다. 지금은 한 템포 쉬면서 미래의 꿈을 준비하는 시기라고 생각한다. 준비된 경험 컬렉터는 어디든 갈 수 있고 무엇이든 경험할 수 있다. 답답한 일상에 지쳐 있는 그대를 이 책의 모든 글로 응원한다.

2020년 10월

원희래

CONTENTS

먹고 비행하고 사랑하라

경험 컬렉터가 여행하는 법

Chapter 1

나 혼자 도하에 산다

• 1장의 원고는 카타르 항공 승무원 시절에 쓴 글입니다.

여기는 도하입니다

카타르에서 첫날이 밝았다. 오전 6시가 되기도 전에 떠오르는 해와 7시부터 분주하게 움직이는 카타르 사람들을 보며 비로소 이곳에 왔다는 사실을 실감했다. 면접 볼 때의 자신감, 처음 합격 메일 받았을 때의 기쁨, 한국의 인연을 정리하면서 느낀 불안과 초조 그리고 감사 등이 뒤섞여 출국 전날까지 싱숭생숭했던 마음이 차분해졌다.

많은 사람들이 카타르를 하나의 나라로 알기보다는 '이슬람 국가, 중동'으로 뭉뚱그려 인식한다.

"이슬람 국가잖아! 사막 아니야? IS로부터 안전한 거 맞니?"

카타르로 떠난다는 얘기를 할 때마다 달갑지 않은 질문과 걱정을 듣곤 했다. 그래서 나는 카타르를 은근히 어필하는 스크립트까지 직접 만들어 달달 외우고 다녔다.

"여러분, 카타르가 얼마나 부유한 국가인지 알고 계시죠? 1달

러에 3.64리얄로 고정환율이라고요. 게다가 우리나라처럼 반도 국가예요! 이런 인연이, 하하. 아, 제가 말씀드렸던가요? 고등학생 한 달 용돈이 우리 돈으로 150만 원이라네요."

그래도 끝까지 테러 운운하며 물고 늘어진다면, 약간의 객관성을 추가한 다음 스크립트로 넘어갔다.

"물론! 그 어떤 도시도 서울의 안전한 치안을 따라올 순 없겠지. 서울처럼 쾌적하고 살기 편한 데가 어딨겠니. 하지만 거기도 사람 사는 곳이야. 있는 건 있고 없는 건 없는. 어쨌든 적응하면 살아갈 수 있는 곳이란 말씀이지!"

이렇게 떠들고 다녔으나 스스로 기대하는 바가 낮았던지라, 도하의 하마드 국제공항에 도착해서 부드럽게 휜 천장의 아치와 깔끔한 공항 전경을 마주하자 오히려 당황스러웠다. 막연히 후덥지근하고 붐비는 공항을 상상하다가 콧속으로 쾌적한 공기가 들어오니 몸에도 활기가 돌았다. 무엇보다 공항에서부터 부유함이 느껴졌다.

눈앞에 펼쳐진 새로운 환경에 흥분하여, 10시간의 오랜 비행과 116kg에 달하는 짐을 끌면서도 피곤한 줄 몰랐다. 드디어 도하에 왔다는 설렘이 긴장과 피로를 몰아냈다. 동기들과 널찍한 공항을 무리 지어 이동하면서 희망에 부풀었고, 서류를 접수하고 절차를 기다리며 수다 떨기 바빴다. 심지어 트레이닝 하루 전날 온전히 하루를 쉴 수 있으니 시내로 나가 커피라도 한잔하자고 약속까지 했다.

도하, Al Fanar, 명소

공항 도착 직후 느낀 에너지 넘치는 감정은 거짓이었던 걸까. 앞으로 나의 '집'이 될 직원 숙소 9층 77C호에 들어서자 갑자기 기분이 가라앉았다. 그 넓은 공간이 휑했다. 혼자 77C호 거실에서서 느닷없이 밀려든 외로움과 싸워야 했다. 숙소를 함께 사용하는 플랫메이트(flatmate)가 있어도 대부분 비행 중이거나 휴가 중이라 얼굴 마주칠 일이 드물다는 사실은 이미 알고 있었지만, 나를 반겨주는 이가 아무도 없으니 서운했다.

성인 한 명이 거뜬히 들어가고 남을 커다란 가방 네 개와 생활용품으로 가득 찬 사과 박스 두 개를 낑낑대며 방으로 옮기면서 기분은 점점 수렁으로 빠져들었다. 허기조차 느끼지 못했다. 그 날 먹은 것이라곤 새벽 4시쯤 기내식으로 나온 소고기죽이 전부였지만 아무것도 먹고 싶지 않았다.

첫날 아무도 없는 넓은 숙소에서 짐을 정리하며 스스로를 돌아보았다. 나는 자신이 독립적이고 낯선 곳에서 적응을 잘하는 개체라고 여겼는데 아니었나 보다. 변화가 없는 삶은 지루하다며 오로지 새로운 환경만 맹목적으로 추구하던 과거의 행동이 돌연 부끄러워졌다. 가져온 옷을 옷장에 넣고, 책이며 화장품을 정리하고, 생존 식품을 꺼내며 피식피식 웃음이 새어 나왔다. 출국 준비를 할 때 엄마와 옷걸이를 몇 개 넣을지, 수납용 걸이를 사느냐 마느냐로 입씨름했던 게 생각나서다. 이것들 없었으면 어쩔 뻔했을까, 엄마의 혜안에 다시 한 번 감사했다.

지금 화장대 거울에는 서울에서 마지막으로 갔던 전시회에서 찍은 폴라로이드 사진과, 일본 유니버설 스튜디오에서 동생이랑 찍은 사진이 붙어 있다. 책상 위에 선물로 받은 토끼 가습기를 놓고 침대 옆 벽에 사진으로 만든 가랜드를 걸어놨더니 방의 분위기가 좀 따뜻해졌다.

'이제 여기서 사는 거야. 여기가 내 집이라구. 기운을 내야지!'

짐 정리를 마친 후 부엌과 거실 사이를 방황하고 있는데, 갑자기 맞은편 방문이 열리더니 인도인 플랫메이트가 등장했다. 너무 놀라서 인사도 못 하고 쳐다보기만 했다. 알고 보니 그녀는 새벽에 막 비행을 마치고 돌아와 침대에 기절해 있었던 것.

플랫메이트는 치아가 다 보이게 시원스러운 미소를 지으며 자신의 이름을 '안지'라고 소개한 뒤, 비상식량보다 중요한 와이파이 비밀번호부터 알려줬다. 또 가족한테 전화는 했냐며 빨리 모바일 메신저를 깔라고 독촉했다. 그 밖에 쓰레기를 어디에 버리는지, 슈퍼마켓이 어디에 있는지, 택시를 어떻게 부르는지 등 궁금했던 사항을 모두 알려줬고, 필요하다면 음식 주문까지 도와주겠다고 제안했다. 그러고는 내일 인도로 떠난다는 말을 덧붙였다. 이번엔 휴가라고 했다. 인도까지 4시간밖에 안 걸려서 종종 다녀오는 듯한데… 휴, 도하에서 인천은 좀 무리지 않을까 싶다.

꼬르륵.

그제야 배가 고팠다. 점심 겸 저녁이자 카타르 도하에서 첫 끼! 가져간 즉석 야채죽을 용기에 옮기지도 않고 봉지째 전자레인지에 돌려버렸다. 숟가락으로 죽 2인분과 김자반을 퍼먹으면서 한껏 나른해졌다.

왜 승무원이야?

처음부터 '외항사 승무원'을 목표로 했던 건 아니다.

승무원 지망생이라면 이력서, 면접에서 한 번쯤 이렇게 대답했으리라. "사람 만나는 게 좋아서 지원했습니다." "누구하고나 커뮤니케이션을 잘해요." "외국어가 특기입니다."

내가 카타르 항공에 지원하고, 최종적으로 입사를 결심하게 된 진짜 이유도 위와 같은 것일까? 곰곰이 생각해 보면 어렸을 때부터 항상 반복되는 일상을 지겨워했다. 변하지 않는 방 구조, 벽지 색깔, 패턴, 똑같은 옷, 맨날 먹는 음식은 지루하고 재미없었다. 그래서 벽 색깔을 바꾸겠다며 시트지를 사와서 파랗게 만들어버리고, 닥치는 대로 옷을 사기도 하고, 심심하면 가구를 옮겨서 방 구조를 바꿨다. 늘 변화하는 인생만이 즐겁고 의미 있다고 믿어왔다.

첫 해외여행 때 설렘을 아직도 생생하게 기억한다. 20년 넘게

라오스, 팍세, 꿈

살던 지역을 벗어나, 다른 언어와 공기가 있는 곳으로 떠나는 여정은 경이로웠다. 그렇게 여행에 빠져, 많이는 아니어도 1년에 두세 차례 혼자서 여행을 다녔고, 비행기를 타러 인천국제공항으로 갈 때마다 결심했다. 꼭 여행에 관련된 일을 하겠다고, 평생 여행하는 사람이 되겠다고.

여행 잡지, 해외 관광청, 해외 대사관…. 대학을 졸업하고 인턴 혹은 취업을 위해 알아본 곳이다. 그러다 운 좋게 외국인 대상으로 서울을 홍보하는 일을 하게 되었다. '여행', '관광', '외국인'이란 키워드가 업무의 주요 내용이지만 일 자체는 여느 곳과 마찬가지였다. 행정 처리, 문서 작성, 회의 또 회의. 회사라는 곳이 다 그렇지 않은가. 다루는 주제만 다를 뿐 일하는 프로세스는 동일하다. 아니나 다를까 2년이 돼가는 시점에서 한계에 부딪혔다. 성격 탓도 있겠지만 변해가는 회사 분위기, 매일 되풀이되는 행정 업무, 보여주기식 문서 작업이 무의미하게 느껴졌다.

'내가 하고 있는 이 문서 작업은 누구를 위한 걸까. 누군가 자세히 읽어보기는 할까. 지금 나는 여기서 성장, 발전하고 있는 건가. 아니, 오히려 나를 잃은 채 헤매고 있는 건 아닌가.'

일에 대한 열정도 애정도 없이 '아, 빨리 끝내버리자'만 머릿속에 가득했다. 이런 상태에서는 프로젝트를 완수해도 성취감이 느껴지지 않았다. 그래서 결심했다. 프랑스 워킹홀리데이를 떠나기로. 언젠가는 통번역대학원에 들어가고 싶었는데, 그전에 꼭 프랑스에서 어학이든 일이든 경험해 봐야 한다고 생각했다.

더 늦으면 기회가 오지 않을 것만 같았다. 왠지 '지금'이 그 기회라고 느껴졌다. 언제 회사를 그만두고 프랑스로 워킹홀리데이를 떠나야 할지 고민하던 와중에 카타르 항공에서 메일이 날아왔다.

"면접 보러 와!"

이 많은 인원 중 날 알아봐 줄까? 나는 준비가 되었나? 내 대답이 충분했을까? 카타르 항공에서 1, 2, 3차까지 면접을 보며 매번 초조하고 불안했지만 딱 한 가지는 확신했다.

'이 회사에서 일하면 행복할 수 있겠다.'

약 4일간 진행된 면접을 거치면서 카타르 항공 승무원 그리고 회사에 대한 긍정적인 이미지가 새겨졌다. 면접관들의 정중한 태도, 하는 일에 대한 자신감과 회사에 대한 자부심은 그동안 어디서도 경험해 본 적이 없을 만큼 특별했다.

합격 메일을 받은 뒤, 다니던 직장에 퇴사를 통보했다. 퇴사하고 정확히 25일 후 카타르에 도착했고, 트레이닝 과정이 시작되었다. 그 누구도 미래를 예측할 수는 없다. 계획을 세워도 그대로 실행할 혹은 실행될 수 없는 상황이 닥쳐오기도 한다. 다만 얼마 동안 일하든 이 경험이 나를 '거기'로 데려가리라 믿는다. 아직은 가고자 하는 '거기'가 어딘지 머릿속에 희미한 스케치로만 존재하지만, 지금이 그 지점을 향해 한 단계 올라가는 시점임은 알고 있다.

새벽 4시 20분이면 엄마한테 선물받은 디즈니 탁상시계가 어서 일어나라며 징징댄다. 오늘도 어김없이 팽개치듯 알람을 끄고 겨우 눈만 뜨고 있다가, 10분 뒤로 맞춰놓은 휴대폰 알람이 울리고서야 힘겹게 이불을 걷어냈다. 하지만 내가 한 선택을 후회하지 않는다.

한국인은 밥심이야

트레이닝 13일째, 도하에 온 지 15일째 그리고 체감상 한 달째. 문득 서울에서 퇴근 후 마시던 맥주 한 잔과 시도 때도 없이 부어대던 아메리카노가 그립다.

6시 땡 하면 미리 약속한 옆자리 디자이너와 눈짓을 주고받으며 '칼퇴' 작전에 돌입. 유독 힘들던 날 퇴근길에 회사 근처에서 마시던 생맥주 500cc, 그리고 동료들과의 의미 없는 수다가 얼마나 소중한지 이제야 깨달았다. "아, 우리 생맥 한 잔만 하고 갈까?" 이런 말이라도 해보고 싶다.

여기선 기껏해야 "아, 나 물 떨어졌는데 물 사러 갈래?"가 퇴근길 대화의 전부다. 고단한 하루를 마치고 편의점에 들러 맥주 한 캔과 새우깡을 사다가 침대에서 먹으면 천국이 따로 없었는데, 지금은 상상만으로도 경찰한테 잡혀갈 것 같다(카타르에서는 음주가 불법입니다).

며칠 전 사과를 사러 근처 슈퍼마켓에 갔다가 우리나라 카프리 맥주와 닮은 맥주병을 발견했다. 혹시나 싶어 잽싸게 달려갔더니 선명하게 보이는 '논 알코올'이란 글자가 나를 비웃었다. 기분이라도 내려고 하나 사왔는데 맛이 딱 김빠진 맥주였다. 물론 알코올도 빠지고.

카타르가 법적으로 알코올 반입 및 섭취를 엄격히 금지하고 있지만 술을 아예 팔지 않는 건 아니다. 호텔 등 지정된 곳에서 외국인을 상대로 판매하므로 꼭 필요하면 마실 수 있다. 맥주 한 잔에 1만 원이 넘는 충격적인 가격을 보고 비행을 시작할 때까지 참자고 다짐했는데, 지금 같아서는 당장 호텔로 달려가 1만 원짜리 맥주를 양손에 쥐고 벌컥벌컥 들이켜고 싶다.

아메리카노는 또 어떻고. 한여름에도 뜨거운 아메리카노만 고집하던 나였는데, 지금은 예전 회사 근처에서 팔던 2천 원짜리 빅사이즈 아이스 아메리카노가 너무 마시고 싶다. 아쉬운 대로 찬물에 인스턴트커피 가루를 녹이겠다며 열심히 젓가락을 휘젓고 있다.

공부를 하거나 글을 쓰고 책을 읽어도 카페에서, 늦은 점심도 카페에서 해결하곤 했었다. 그런 나에게, 길거리에 아무것도 없는 이곳은 해답을 찾아내야 하는 도전 과제와도 같다. 고개만 돌리면 카페가 가득했던 서울. 반대로 길거리에서 카페는커녕 상점조차 찾기 힘든 도하.

도하, 길거리, 사람이 없음

커피 한 잔 마시려면 우버(Uber) 택시*를 불러서 가까운 스타벅스라도 가야 하는데, 스타벅스는 대부분 대형 쇼핑몰 안에만 있다. 인스턴트커피로 연명하는 요즘 누가 드립커피 좀 머리 위에 부어줬으면 좋겠다. 그나마 다행인 점은 이곳 스타벅스도 원두를 팔기 때문에 드리퍼만 구매하면 핸드드립을 내릴 수 있다는 사실

* 카타르에서 주요 이동 수단은 택시. 휴대폰 앱으로 우버나 카르와(Karwa, 지역 택시)를 미리 예약해야 한다.

이다.

신선한 원두와, 주말마다 직접 갈아서 내려 마시던 드립커피 향이 너무 그리워 며칠 전 일기장에는 이렇게 적었다.

"앞으로 비행 다닐 때마다 커피 원두랑 드리퍼, 커피 잔을 잔뜩 사다가 쌓아놓을 것임!"

아무래도 카타르에 카페를 차려야겠다.

카타르에 처음 도착하면 거리에 걸어다니는 사람이 너무 없어서 깜짝 놀란다(그나마 마주치는 행인 중에 여성은 더욱 찾아보기 힘들다). 이유가 있다. 산유국인 카타르에서는 3분도 안 걸리는 짧은 거리조차 차를 타고 다니기 때문이다. 물 한 병, 티슈 한 곽을 사도 대형 쇼핑몰로 향한다. 시도 때도 없이 꽉 막히는 도로가 설명된다. 어쩌다 길거리를 걸어다니거나 동네 슈퍼마켓에서 장 보는 사람은 모두 외국인 노동자로, 슬프지만 나 역시 여기에 포함된다.

숙소에서 차로 약 20분 거리의 대형 쇼핑몰 빌라지오몰에는 까르푸 매장이 있다. 한국에서는 오래전에 철수한 비운의 마트지만 카타르는 까르푸가 꽉 잡고 있는 듯하다. 까르푸 매장은 생각보다 제품도 다양하고 신선한 식재료가 많아, 그곳에 들어서는 순간 행복해진다.

세계 각국의 인스턴트커피로 채워진 섹션에서는 포장을 구경하는 재미도 쏠쏠하다. 물론 한국에서 인스턴트커피를 쟁여와서 굳이 또 살 필요는 없지만 희미하게라도 원두 향이 풍기지 않을까 기웃거리곤 한다. 다양한 종류의 치즈와 올리브를 아이스크림 가게처럼 쌓아놓고 파는 모습도 신기하다. 바로 옆에 와인 코너가 없는 게 아쉽지만, 현재로서는 까르푸가 '베스트 오브 베스트 플레이스'다. 그러고 보니 도하에 오기 전 한국에서 이마트를 누비던 때가 생각난다.

"축하해! 너의 조이닝(joining)은 1월 25일이야. 수하물은 130kg까지 무료란다."

지난 12월 초 최종 합격 메일을 받고도 짐 싸는 걸 미루다가 출국이 임박해서야 급히 장을 보러 갔다. 필요한 게 얼마나 될까 싶어서 뭉그적거렸는데, 나보다 더 초조해하는 엄마를 진정시키기 위해서라도 하루빨리 짐을 싸야 했다.

"엄마, 이런 건 필요 없어. 가서 사면 되지. 거기 한국인 승무원이 얼마나 많은데, 다 잘 먹고 산대."

"나 밥 잘 안 먹는 거 알잖아, 김치 안 좋아해."

각종 망발을 남발하던 그때로 돌아가면 따끔하게 이마라도 한 대 때려주고 싶다. 그나마 옆에서 날 붙들고 놓아주지 않던 부모님과 동생에게 감사하고 또 감사할 따름이다. 장을 보면서 엄마가 넣으면 나는 뒤에서 몰래 빼고, 엄마는 다시 추가하는 과정을 무려 세 번이나 반복했다. 동네 이마트만 세 번을 갔고(아마도 엄마, 아빠는 나 몰래 두세 번 더 다녀온 듯하다) 화장품, 스타킹, 식판 따위

도하, 카페999, 밥!

생활필수품을 사러 이곳저곳 방문하느라 출국 직전 3주 동안 약 100만 원이나 썼다.

정확히 116kg을 찍은 나의 수하물 구성 목록은 다음과 같다. 슈트케이스 세 개, 이민 가방 한 개, 사과 박스 두 개! 이민 가방 하나를 즉석밥, 반찬, 라면, 김으로 꽉 채워 왔는데 즉석밥은 벌써 많이 줄어들었다. 워낙 밥을 잘 안 먹어서, 얼마나 먹겠냐 싶어 몇 개 사오지 않은 게 이리도 후회될 줄이야. 물론 여기 대형 마트에서도 먹고 사는 데 필요한 건 다 판다. 문제는 트레이닝을 받으면서 장 보러 시내까지 나갈 시간이 부족하다는 사실.

오프 날(근무 쉬는 날)도 공부하고 청소하느라 바빠서 장을 볼 틈이 없다. 즉, 집 앞 슈퍼마켓에서 급히 조달한 식재료로 휘리릭 만들거나 한국에서 공수해 온 반찬과 즉석밥으로 끼니를 해결해야 한다는 얘기다. 한국에 있을 때도 밥보다는 빵이나 국수를 더 좋아했던지라 즉석밥을 최소한으로 샀는데 그것은 크나큰 오산이었다. 요즘은 숙소에서 하루 한 끼만 먹으니까 그나마 다행이다. 아침은 바나나와 양배추를 갈아서 스무디를 만들어 마시고, 트레이닝 중간중간 견과류, 피넛버터 샌드위치, 커피로 간단히 배를 채운다. 퇴근해서 나름 푸짐하게 늦은 점심 겸 저녁을 먹는데, 대부분 즉석밥 플러스 알파(반찬, 컵라면)를 차려 먹는다.

종종 창의력을 발휘해 한국에서 먹은 음식과 비슷한 것을 만들어내기도 한다(절박하면 뭐든 해내게 마련이다). 있는 소스, 없는 소스 섞어서 비빔면을 만들기도 하고, 호박만 한 아보카도를 사와서 아보카도덮밥을 만들기도 한다. 맛이 있고 없고는 차후 문제다. 잘 먹고 영양 보충만 할 수 있다면 그걸로 만족한다. 가끔 질린다 싶으면 외식을 하거나 배달 앱을 이용해서 시켜 먹기도 한다.

혹시라도 짐을 쌀 때 엄마, 아빠가 쌓여 있는 짐 사이사이에 즉석밥이나 볶음김치를 몰래 끼워 넣는다면 못 이기는 척 감사히 받아오자. 어차피 다 '내' 배로 들어갈 터이니.

혹시 외항사 승무원 준비하세요?

기다리던 오프, 금요일 아침. 까르푸에서 사온 곡물빵을 굽고, 인스턴트 콘수프에 뜨거운 물을 부은 뒤 카타르산 모차렐라 치즈를 한 장 올린 다음, 인스턴트커피를 세 봉이나 넣고 아주 진한 커피를 만들었다. 그리고 아침을 먹으며 그녀를 생각한다.

"나이 서른에 친구가 세 명밖에 없어도 괜찮은 걸까요?"

하릴없이 침대에 누워 손가락만 굴리며 인스타그램 피드를 넘기던 어느 날, 위와 같은 문장이 내 손가락을 사로잡았다.

'근데, 세 명이면 충분한 거 아닌가.'

한 살 한 살 늘어나는 나이와 반비례하여 친구라고 부를 수 있는 사람 수는 줄어든다. 친구인 줄 알았더니 사실은 '빌런'이었다든가, 한정된 생활 패턴 때문에 새로운 사람을 만날 기회가 없다든가, 혼자가 편해서 친구의 필요성을 느끼지 못한다든가. 세상은 넓고 사람은 많은데, 왜 나와 맞는 사람을 찾아내는 게 이리도 어려운지 모르겠다. 다 함께 어울리고 친구였던 시절은 초등학교, 중학교가 마지막이었던 것 같다.

내게는 다행히 '친구'라고 부를 수 있는 이들이 몇 있다. 힘들거나 외로울 때 혹은 기쁘거나 슬플 때 생각나고 의지할 수 있는 사람들이다. 관계를 등한시했던 20대 초반엔 친구가 뭐 그리 중요할까 싶어 연락도 안 하고 휴대폰도 자주 꺼놓곤 했는데 참 멍청한 짓이었다. 제 잘난 맛에 살던 철없는 시절이었다. 인연은 쉽게 찾아오지 않는다. 이 중요한 사실을 지금이나마 깨달아 다행이다.

그래도 인복이 있는지 무언가를 할 때마다 마음에 맞는 사람을 꼭 한 명씩은 만난다. 대학교를 졸업할 무렵 외교부 활동에서 만난 친구, 인도네시아 학생 콘퍼런스 참석차 갔던 반둥에서 만난 친구, 테니스 모임에서 만난 친구. 이들과는 자주는 아니지만 멀리 있어도 서로를 생각하며 안부를 전하곤 한다. 몇 안 되는 친구들 중에 '운명의 세 여신'이 맺어준 게 분명한, 소중한 인연 L 양도 있다.

L은 전 직장 입사 첫날 만난 친구다. 정말 신기하게 나이도 같고 취미로 발레를 한다는 점도 똑같았다. 무엇보다 서로 목표로 하는, 꿈꾸는 미래가 비슷했다.

"혹시 외항사 승무원 준비하세요?"

첫 출근 날 회의실에서 경영지원팀 팀장을 함께 기다리던 L이 나에게 불쑥 물었다. 당시 이력서에 외항사 지원을 위해 찍은 여

도하, 카타르 항공, 모자와 오릭스

권 사진을 부착했는데, 그것을 L이 한눈에 알아보고 말을 걸어온 것이다. 하긴 하얀 배경에 파란 재킷과 빨간 입술의 여권 사진을, 외항사 준비하는 사람 아니면 누가 찍을까 싶다. 이 대화를 계기로 우리는 급속도로 가까워졌다.

입사 둘째 날, L과 나는 신입 주제에 샐러드를 먹겠다며 팀에서 나와 회사 1층 샐러드 가게로 향했다(사실 회사가 꽤나 자유로웠다). L에게 물었다. 발레는 얼마나 했는지, 춤추는 거 좋아하는지. 여성스럽고 새침한 외모와 달리 '걸스 힙합'같이 격한 춤을 좋아한다는 대답에 L이 더 좋아졌다. 외항사는 어떻게 준비하게 된 것인지, 전에 뭘 했는지… 이야기가 끊이지 않았다. 짧은 점심시간 동안 많은 얘기를 나눈 우리는 굳게 다짐했다.

"6개월 안에 윙 달자!"

당시는 외항사 채용 가뭄기라, 지원하고 싶어도 지원할 수가 없었다. 공고가 아예 나질 않았다. 그렇게 6개월, 1년이 금방 지났고 우리는 지쳐갔다. L이 없었다면 나는 유니폼과 윙 배지를 포기하고 그냥 회사에 눌러앉거나 프랑스로 워킹홀리데이를 떠났을

지도 모른다.

우리는 서류 모집 때마다 서로 지원했는지 체크해 주고, 해외 오픈데이(공개채용)* 지원 계획도 함께 세웠다. 될 사람은 된다고, 입사 1년 즈음 L은 나보다 먼저 메이저 외항사에 당당히 합격해 독일에 정착했다. 카타르에서 독일은 한국보다도 가깝다. 5시간이면 닿을 수 있는 거리다. 오늘 아침에 일어나 보니 L의 메시지가 와 있었다.

"트레이닝은 잘 받고 있는 거지?"

무심한 나에게 먼저 연락하고 걱정해 주는 마음 씀씀이가 너무나 고맙다. 트레이닝이 고단해도 나와 같은 꿈을 꾸고 응원해 주는 이가 있다는 것은 참 감사한 일이다. L은 이미 긴 트레이닝을 마치고 비행 중이다. 낯선 곳에서 적응하고 집까지 구하느라 힘들었을 텐데 정말 대단하다. 그녀는 내가 겪는 힘든 과정을 이해해 줄 수 있는 유일한 친구다.

트레이닝이 아직 한 달 이상 남은 이 시점에 벌써부터 비딩(원하는 도시에 비행 신청)과 휴가 계획을 세우고 있다. 일단 비행을 시작하면 두 달 내로 L이 있는 도시 프랑크푸르트로 날아갈 계획이다.

"비딩에 꼭 프랑크푸르트를 써야 해."

신신당부하며 웃던 L의 얼굴이 유독 보고 싶은 날이다.

* 정식 명칭은 'Open Day Interview'. 외항사 면접단이 직접 해외 여러 도시로 가서 인터뷰를 진행한다.

조급해하지 않아도 돼

갑자기 건빵이 당긴다. 입 안 가득 건빵을 쑤셔 넣고 씹고 싶다. 목이 멜 정도로 건빵을 먹고 우유 한 잔 쭉 들이켜면 모든 피로가 사라질 것만 같다. 타인과 외부 변화에 민감한 데 비해 나 자신의 상태에 관해서는 굉장히 둔한 편이라 감기에 걸린 건지, 단순히 피곤한 건지, 아니면 졸린 건지조차 잘 알아차리지 못한다.

스트레스도 마찬가지다. 스스로 스트레스를 안 받는다고 떠들고 다니는데, 알고 보면 특이하고 사소한 일로 스트레스를 받는다. 그리고 차곡차곡 쌓아놨다가 한 번에 터뜨리곤 한다. 사실 스트레스 이상 징후가 있기는 하다. 적당히 스트레스를 받으면 케이크, 초콜릿 우유, 초코바 등 달달한 디저트가 끌리고, 극도로 스트레스를 받을 땐 프링글스나 새우깡처럼 짭조름한 과자가 끌린다. 스트레스와 신체적·정신적 피로가 겹쳐 몸이 못 견딜 정도가 되면 달든 짜든 맛 따위는 상관없다. 그냥 입 안에 무언가를 가득 채우고, 쉴 새 없이 씹고 싶다. 안전교육(SEP) 최종 시험을 앞둔 지금 딱 그 심정이다.

'아, 건빵 먹고 싶다.'

그래서 퇴근하자마자 숙소 앞 슈퍼마켓에 가서 제일 크고 퍽퍽해 보이는 과자를 사와 우적우적 씹고 있다. 물 없이는 도저히 삼키기 힘든 식감이다. 30cm는 족히 돼 보이는 과자 박스의 3분의 2 정도 끝낸 지금에야 과자 포장지가 눈에 들어온다. 독일 비스킷인 듯하다.

시험이 다가올수록 피로는 누적되고 머릿속은 뒤죽박죽이다. 그나마 잘 정리해 왔다고 자신했는데 지금은 모르겠다. 사실 메인 도어 개수마저 헷갈리는 지경이 되었다.

'B777-200에 오버 윙 비상문이 있었나? A320의 메인 도어는 몇 개지? 아, 미니멈 크루는 몇 명이었지?'

집을 짓는 심정으로 매일매일 벽돌을 쌓아 올렸다고 믿었다. 한데 벽돌이 아니라 널빤지로 지은 모양이다. 그리고 그 위에 기와지붕을 올린 느낌? 자신감 하나는 우주 최강이라고 여겼건만 지금 같아서는 자신감이고 뭐고 3일 내내 아무 생각 없이 누워 있고 싶다. 정말로 아무 생각이 없다. 왜냐? 진짜로 아무 생각이 없기 때문이다. 축적된 피로와 운동 부족으로 체력의 한계가 찾아온 듯하다.

하루 종일 앉아 있으니 어쩌면 입맛도 없고 체력도 떨어지는 게 당연하다. 이렇게 입맛이 없으면서도 과자가 당기는 건 스트레스란 단어로밖에 설명할 길이 없다. 스스로의 한계와 별개로 동기들의 변화를 관찰하는 것도 꽤 흥미롭다.

일단 언제나 완벽하던 동기들의 헤어와 메이크업이 해이해졌고, 수업이 끝났다며 떠들썩하던 퇴근 버스 분위기 역시 무겁게 가라앉았다. 제일 재밌는 현상은 체중 관리 한다고 건강한 간식만 싸오던 이들이 이제는 쉬는 시간마다 자판기로 달려가 트윅스, 로아커, 오레오 등 달콤한 유혹을 뽑아드는 것이다. 15분밖에 안 되는 짧은 시간에도 커피를 마시겠다며 달려나가는 동기들을 보면서 생각한다.

'우리 진짜 열심히 달린다.'

안전교육 최종 시험은 상당히 까다롭다. 그동안 매일 보던 구두시험 그리고 챕터가 끝날 때마다 풀던 40개 객관식 문제와는 차원이 다르다. 심사관 앞에서 비상문 개폐 시연과 위급상황 대처 능력을 선보이고, 압박 면접에 버금가는 인터뷰까지 통과해야 한다. 수없이 매뉴얼을 읽었어도 처음 본 무표정한 심사관을 앞에 두고 막힘없이 대답하는 것은 어렵다.

그동안의 피로가 몰렸는지, 최종 시험을 며칠 앞두고 감기에 걸렸다. 옆자리에 앉은 동기가 하루 종일 훌쩍거리면서 코를 풀어댔는데 아마도 거기서 옮았나 보다. 한국에서 챙겨온 비상약으로 버티며 병원에 안 가려고 안간힘을 쓰고 있으나 문제는 점점

모스크바, 스타벅스, 재능기부

의욕이 떨어진다는 사실이다.

견딜 수 없을 만큼 우울해져서 결국 폭식을 했다. 김자반을 뿌려 첫 번째 즉석밥을, 고추장과 참기름을 뿌려 두 번째 즉석밥을 끝장낸 뒤 인도인이 운영하는 동네 빵집에서 사온 햄버거 번 두 개에 피넛버터를 발라 먹어치웠다. 그러고도 뭔가 부족한 것 같아서 치킨 컵누들을 먹고, 식빵까지 꺼내 누들 국물에 찍어 먹었다. 마지막으로 초콜릿 푸딩 두 개를 해치운 후에야 간신히 멈췄다. 먹고 나니 속이 불편하고 정신적으로 더욱 괴로워졌다.

'내가 이걸 다 먹었다고? 미쳤나 보다. 오늘 먹은 칼로리의 절반이라도 소모하지 않으면 더 우울해질 거야.'

그렇게 우울함의 2차 징후라도 막고자 계획에 없던 헬스장으로 향했다. 사실 헬스장을 좋아하지는 않는다. 사방이 꽉 막혀 있어서 답답하고, 똑같은 동작을 반복하는 게 지루하다. 그래도 당장 갈 수 있는 곳은 숙소 지하의 헬스장뿐이었다.

러닝머신 위에서 달리다가 힘들면 걷고 또 달리기를 30분 정도 반복하니 그나마 우울함이 걷혔다. 정말 아무 생각 없이 헬스장에서 2시간 가까이 운동을 하다가 돌아왔다.

그리고 생각이란 걸 해봤다. 안전교육 최종 시험 외에 이 우울증의 또 다른 이유는 나만의 시간이 현저히 줄어들었기 때문이다. 단체 생활을 못하거나 싫어하는 건 아니다. 하지만 짧더라도 혼자만의 시간은 필수다. 예를 들어 10일간 단체 생활을 했다면 적어도 2일 정도는 혼자서 책을 읽는다거나, 커피를 마신다거나, 돌아다닌다거나 사색을 하며 에너지를 충전해야 한다.

현재 이곳 도하에 '나'는 없고 '쩌리 트레이니'가 있을 뿐이다. 혹시라도 나를 잃어버리지나 않을까, 불안하고 조급하다.

신기하게도 감기에 걸렸다고 깨닫는 순간 온몸에 열이 오르기 시작한다. 방금 전까지 멀쩡했던 코가 막히고 목소리도 잠긴다. 마치 감기에 걸렸다는 것을 알아차려 주길 기다렸다는 듯 하나둘 증상이 드러난다. 나도 누군가가 알아봐 주길 원한다. 수많은 얼굴들 속에서 나만의 특별함이 나를 더욱 빛내주길 바란다.

'조급해하지 말자.'

수없이 다짐하고 위로하면서 슬럼프를 겨우 넘기고 있다.

플랫메이트를 소개합니다

안전교육 최종 시험이 끝난 지금 마냥 행복하다. 앞으로 남아 있는 교육 일정과 시험 따위는 눈에 들어오지도 않는다. 이렇게 여유로웠던 게 얼마 만인지. 다행히 안전교육은 무사 통과했다. 그래서 스스로에게 '과식'이라는 보상을 선물했다.

위층에 살고 있는 한국인 동기와 없는 재료 털어서 비빔국수를 만들어 먹고, 패스트푸드 체인점 졸리비에서 햄버거까지 배달시켰다. 둘 다 즉석밥에 질려 있던 터라 오랜만에 먹은 비빔국수가 어찌나 맛있던지, 팔도비빔면에 뒤지지 않았다. 상추 대신 양배추를 넣고, 마늘이 없어서 고추장과 칠리 소스를 섞어 만든 '야매' 국수였지만 달달하면서 매콤한 맛이 입맛을 돋웠다. 국수로 입가심을 하고 원래는 졸리비에서 치킨을 버킷으로 시킬 계획이었으나, 치킨 한 마리에 약 2만 5천 원이란 가격을 보고는 경악을 금치 못했다. 아직 월급도 못 만져본 외국인 노동자에게는 선택권이 없었다.

"우리 그냥 햄버거라도 먹을까?"

카타르는 닭이 참 귀한 나라다. 승무원들이 유럽 비행을 다녀오면 반드시 달걀을 사온다는 얘기를 듣고 유별나다고 생각했는데, 며칠 전 마트에서 산 달걀을 먹어보고는 그 이유를 깨달았다. 일단 노른자 색이 누렇다. 노란색도 노르스름한 색도 아닌 누런색. 좀 꺼림칙하다. 약간 비린 맛도 나고, 껍질을 탁 하고 깼을 때 흰자에 탄력이 없다. 뭔가 이상해서 포장지를 자세히 보니 오만산(産)이었다. 아마 카타르에 양계장이 없어 주변 국가에서 들여오는 모양이다. 그러니 패스트푸드점의 치킨도 저렇게 비싸겠지.

오랜만에 패스트푸드 햄버거의 달고, 짜고, 기름진 맛의 향연이 펼쳐졌다. 정말 무아지경으로 입과 손을 바삐 움직여가면서 소스까지 깨끗하게 먹어치웠다. 안전교육 공부하는 동안은 꿈도 못 꾸던 수다와 여유로운 소화 시간까지. 잔뜩 배를 채운 한국인 두 명이 소소한 행복에 젖어 수다를 떨고 있는데, 갑자기 방문이 열리면서 인도인 플랫메이트 안지가 나왔다. 집에 있는 줄도 몰랐다가 곤히 자던 사람을 깨운 건 아닌가 싶어 미안해졌다. 친애하는 플랫메이트는 웃으면서 첫 관문 통과를 축하하는 한편, 곧 이어 시작할 교육을 굳이 상기시켰다.

"안전교육 끝난 거야? 축하해. 그럼 이제 응급처치 남은 건가?"

카타르 항공에서는 기본적으로 두 명 혹은 세 명의 승무원이

한 아파트에서 생활한다. 같은 숙소에 살고 있지만 얼굴 마주치는 일은 드물다. 안지에 따르면, 3주 넘게 혼자서 숙소를 쓴다고 생각했다가 옆방에서 플랫메이트가 문 열고 나오는 걸 보고 너무 놀라 소리 지른 적도 있단다. 서로 비행 스케줄이 달라서, 어쩌다 세 명 다 있는 날은 파티다.

얼굴 마주치는 일이 없어도 플랫메이트는 굉장히 중요하다. 내가 사는 77C호는 한 지붕 세 국적이다. 인도에서 온 안지와 아르헨티나에서 온 다니 그리고 한국에서 온 나까지, 총 세 명이 함께 생활하고 있다. 함께 일하는 동료이자 플랫메이트로서 진심이 담긴 친절을 베풀되, 적당한 선을 지켜 사생활을 존중해 주는 일이 참 어렵다. 관계가 파국으로 치달아 원수보다 못한 사이가 되는 경우도 허다하니 조심하라는 경고를 여러 차례 들었다. 다행히 나의 플랫메이트는 둘 다 적당히 친절하고 적당히 무관심하다.

안지는 첫날부터 와이파이 비밀번호, 가까운 슈퍼마켓 위치, 카르와 택시 부르는 방법, 가스레인지 및 오븐 사용법 등 생활에 필요한 것들을 자세히 설명해 줬다. 비행을 마치고 자다 나와서 피곤했을 텐데 처음 본 플랫메이트를 위해 이것저것 알려준 그녀가 참 고마웠다.

다니는 처음 봤을 때부터 안전교육이 초반에는 벅차고 힘들 테니 공부하다 모르는 게 나오면 뭐든지 물어보라며 용기를 북돋워 주었다. 며칠 전에는 갑자기 메신저로 "잠깐 나와봐"라는 메시지

도하, 전통 시장, 외국인

를 보내서 거실로 나가 보니 뜬금없이 나에게 책을 좋아하는지 물어봤다. 고개를 끄덕이자 다니는 한국어로 번역된 일본 소설과 투자 관련 책을 수줍게 내밀면서 말했다.

"드디어 한국어 책을 줄 사람이 생겨서 너무 기뻐."

활짝 웃는 다니를 꽉 껴안아주고 싶었다. 비행기 안에서 발생하는 분실물의 대부분이 책이라고 한다. 하지만 찾아가는 사람이 없어서 항상 쓰레기통으로 직행한다고. 다니는 그냥 버리기 너무 아까워 영어로 된 책은 자신이 가져오는데, 마침 한국어로 보이는 책을 발견하자 만난 지 한 달밖에 안 된 한국인 플랫메이트를 위해 챙겨온 것이다.

"와, 너 진짜 다정하잖아!"

몇 주 전 다니의 생일을 맞아, 그녀 어머니가 도하에 와서 10일 정도 함께 생활했다. 다니의 어머니는 피자며 케이크며 각종 음식을 척척 만들어 외로운 한국인에게도 나눠주었다. (같은 성별의 가족 혹은 지인이라면 사전 신청을 통해 숙소에서 함께 지낼 수 있다.)

인터넷 요금, 집 안 청소, 위생 문제, 함께 사용하는 공간 관리 등 플랫메이트의 성향에 따라 민감할 수도 있는 부분이 꽤 있다. 숙소에서 함께 생활한 지 한 달 정도 지난 지금, 타고난 인복에 감사하는 중이다. 나의 빡빡한 트레이닝이 끝나고 본격적으로 비행 스케줄이 나오면 날짜를 맞춰 플랫 77C호의 회동이라도 추진해야겠다.

어느 멋진 오프 날

"어깨와 귀가 멀어지게 코브라 자세를 유지하세요. 다운독 자세에서 다섯 번 편안하게 숨 쉬고 내려옵니다."

손꼽아 기다리던 금요일. 오랜만에 근처 요가 스튜디오를 찾았다. 트레이닝을 받는 주니어들에게 단 하루뿐인 오프는 소중하다. 바닷가에 갈까, 사막 투어를 할까, 아니면 괜찮은 레스토랑에 가서 식사를 할까. 다양한 의견이 나오지만 대부분 1주일 동안 미뤄둔 자잘한 일을 처리하고 나면 하루가 금방 지나간다. 밀린 빨래와 설거지 그리고 방 청소를 끝내면 마트에 가서 장도 봐야 하고, 복습도 해야 한다.

한국에서는 주말에 뭘 했나 생각해 보니 토요일은 하루 종일 잠만 잤고, 일요일은 오전에 운동을 하거나 발레 수업에 갔다. 그러고 나서 약속이 없으면 근처 카페에서 책을 읽거나 낙서를 끄적거리고, 약속이 있는 날은 친구를 만나 늦게까지 수다 떨며 먹

도하, 요가 스튜디오, 힐링

고 마시면서 주말을 꽉 차게 보냈다. 월요병에 시달리기 싫어서 나름으로 세운 규칙이었다. 일요일을 월요일이라 생각하고 아침부터 바쁘게 움직였던 것이다. 대신 토요일 하루만큼은 집에서, 아니 침대에서 벗어나지 않고 모든 걸 해결했다. 눈뜨자마자 휴대폰을 만지작거리다가 노트북을 가져와 밀린 예능이나 넷플릭스 시리즈를 따라잡고, 과자도 까먹고 귤도 까먹다 다시 잠이 들면 어느덧 밤 11시가 되는 마법을 경험했다.

이곳 도하에서 이틀도 아니고 단 하루뿐인 오프 날을 밀린 청소나 하며 날려버릴 수는 없는 노릇이다. 되도록 목요일 저녁에 모든 걸 끝내놓고 금요일은 온전히 나 자신만을 위한 시간을 보내려고 한다. 그런 이유로 오전에는 요가 스튜디오를 찾았다.

격한 근육통을 느끼고 싶어서 일부러 힘들어 보이는 '웨이트로스 요가(weight loss yoga)'를 선택했다. 어마어마한 클래스 이름답게 유연성보다는 근력을 요하는 동작이 쉼 없이 이어진다. 그동안 체력이 많이 떨어졌는지 시작부터 힘들었다. 플랭크 자세를 하는 양팔이 부들부들 떨렸고, 수업이 진행될수록 점점 온몸의 힘이 빠져 허우적거렸다. 근육이 잘 안 붙는 체질이라 오랜 기간 공들여 운동을 해야만 근육이 생긴다. 한동안 발레도, 운동도 안 했으니 근육이 남아 있을 리 없다. 여하튼 움직일 때마다 이곳저곳 아픈 걸로 보아 집 나간 근육이 곧 돌아올 모양이다.

요가 수업을 마치고 숙소로 돌아오니, 친애하는 플랫메이트 안지와 다니가 만반의 준비를 마친 채 기다리고 있었다. 우리는 운 좋게 세 명 모두 금요일 오전이 비어 있는 날을 잡아 근처 인도 식당에서 브런치 메뉴를 배달시켜 먹기로 했었다.

"요가 수업은 어땠어? 우리가 그냥 먼저 배달시켰어! 접시랑 컵이랑 다 있으니까 빨리 손 닦고 와!"

알루파라타(Aloo Paratha). 인도 빵 난(Naan) 속에 칠리, 커리, 각종 채소로 만든 스프레드를 채운 뒤 납작하게 구운 요리다. 만두를 납작하게 으깼다고 생각하면 된다. 인도 전통 음식 중 하나로, 사워크림 비슷한 맛이 나는 흰색 요거트 소스와 시큼한 칠리 소스를 곁들여 먹는다. 향신료를 워낙 좋아하는 내 입맛에 딱 맞는 요리였다.

식탁에 다다르자, 향긋한 커리 향과 함께 충격적인 소식이 나를 기다리고 있었다. 인도에서 온 플랫메이트 안지가 일을 그만두고 고향으로 돌아간다는 것. 만난 지 6개월 된 사람과 결혼을 한단다. 소중한 인연이 되리라 믿었던 플랫메이트와 한 달 만에 이별이라니…. 너무 아쉽지만 안지의 선택을 존중한다. 나는 쫄깃한 알루파라타를 손으로 큼직하게 찢은 다음 요거트 소스를 푹 찍어 입에 넣고 오물거리며 안지에게 질문 공세를 퍼부었다. 사이드로 시킨 새콤달콤 라임 주스만큼이나 흥미진진한 러브 스토리였다.

처음이자 마지막인 '플랫 77C호 브런치'를 성공리에 마치고 낮잠을 잤다. 아주 잠깐 졸았다고 생각했는데 눈을 뜨자 방 안은 암흑이었다. 안지가 저녁에 떠난다고 했지! 서둘러 거실로 나가 보니 안지의 커다란 슈트케이스 여러 개가 현관 근처에 놓여 있었다. 긴 포옹을 마친 뒤 안지는 본인이 먹으려고 배달시킨 치킨 샌드위치 박스를 건네며 말했다.

"이거 정말 맛있어! 남기지 말고 꼭 다 먹어야 해!"

안지는 앞으로 펼쳐질 장밋빛 미래에 대한 설렘이 컸는지, 인도에 비행 오면 꼭 연락하라는 말을 남긴 채 뒤도 돌아보지 않고 떠났다. 이제 77C호에는 나와 다니 둘뿐이다.

저녁은 안지가 주고 간 인도풍 치킨 샌드위치로 해결했다. 치

도하, 요가 스튜디오, 유연한 척

즈, 토마토, 달걀, 치킨이 들어간 그릴 샌드위치였는데, 데우지도 않고 우적우적 먹으면서 오늘 하루를 떠올려보았다. 오랜만에 기분 좋게 요가를 했고, 첫 인도식 브런치를 맛보았다. 수다도 떨고 달콤한 낮잠도 즐겼다. 그리고 처음으로 플랫메이트를 떠나보냈다. 이별은 슬프지만 행복을 찾아 떠난 안지의 앞날을 축복한다. 나 역시 하루를 소소한 행복으로 채웠으니, 이 정도면 꽤 멋진 오프 날이 아닌가.

첫 유니폼

처음 교복을 입었던 순간이 기억난다.

초등학생 때는 교복 입은 중학생 언니, 오빠들이 마냥 부러웠다. 교복을 입고 싶어서 하루빨리 중학생이 되었으면 했고, 중학교 입학 통지서가 날아와 부모님과 함께 교복을 맞추러 가면서는 어찌나 설렜는지 모른다.

원래 내가 입는 사이즈보다 훨씬 커서 헐렁거리는 교복을 군말없이 받아 들었고, 남들 다 매는 넥타이나 리본이 아닌 메달을 목에 걸어도 행복했다. 얼마 안 가 설렘과 기쁨은 사라졌다. 누구나 겪는 질풍노도의 시기가 찾아와 세탁소를 제집처럼 드나들었으며 저번에는 교복 재킷이, 이번에는 스커트 사이즈가 작아졌다. 교복을 줄이는 만큼 불만은 늘어났다. 도대체 왜 교복 위에 겉옷을 입으면 안 되고, 머리카락을 마음대로 할 권리가 내게 없으며, 학교는 우리의 개성을 죽이려고만 하는 걸까. 중학생이 되어 교복을 입고 싶었던 것처럼, 하루빨리 답답한 학교를 졸업해서 내 마음대로 옷을 입고 머리도 볶고 화장도 하고 싶었다.

"너희 나이 땐 흰 티에 청바지만 입어도 예뻐."

어떤 어른이 이렇게 말하면, 본인들은 제약 없이 다 하니까 그런 소리를 하는 거라며 흘려듣곤 했다. 그런데 내가 대학을 졸업하고 회사원이 되어 길거리에 돌아다니는 여고생들을 보면서 바로 그 말을 하고 있다.

"아, 화장 안 해도 예쁠 나이인데. 교복이 참 예쁘네."

저 아이들이 들으면 10년 전에 내가 지었던 표정을 하고 똑같이 말하겠지.

"헐 뭐래…."

살다 보면 차라리 교복을 입는 게 낫겠다는 생각이 드는 때가 찾아온다. 더 이상 옷 살 돈이 없을 때, 쇼핑 갈 시간도 없이 바쁠 때, 옷장 한가득 옷으로 채워져 있지만 여전히 입을 옷이 없을 때, 교복이 그리워진다.

오랜만에 '유니폼'을 받아 들고 갓 입학한 아이처럼 어찌나 설레고 기뻤는지 모른다. 유니폼 치수를 재면서도 대충 입어봤지만 몸에 딱 맞는 진짜 내 유니폼을 보니 이제 거의 다 왔음을 실감했다. 항공사에 지원하면 당연히 유니폼을 입고 근무하게 된다. 지원 동기에 항공사 유니폼이 미치는 영향이 아예 없다면 거짓말이다. 당연히 내가 입게 될지도 모르는 유니폼 색깔, 디자인, 구성에 엄청난 관심이 쏠린다.

'저 색깔이, 저 모자가 나한테 어울릴까?'

'레드립 아니면 핫핑크? 립스틱을 새로 사야 할까?'

카타르 항공의 상징인 버건디 컬러 유니폼은 전 세계 항공사 유니폼 중 손꼽힐 정도로 우아하고 아름답다. 개인적인 사심을 조금 더해, 업계에서 제일 아름다운 유니폼이다. 모자의 우아한 곡선과 타이트한 것도 헐렁한 것도 아닌 재킷 핏, 스커트와 바지 라인은 완벽하게 떨어진다.

안타깝게도 트레이닝을 받는 예비 승무원들에겐 상관없는 얘기다. '펭귄'이라 불리는 주니어들은 새하얀 블라우스 위에 헐렁하고 까만 정장 재킷과 스커트를 입고, 까만 가방을 메고 다니기 때문이다. 대부분 블라우스를 제외하고는 한 벌로 버티다 보니 하도 빨아대서 색이 바래거나 단추가 떨어지기도 한다. 블라우스가 해질 무렵 비로소 진짜 유니폼을 입게 된다.

유니폼 구성

모자 | 스커트 | 바지 | 블라우스 | 재킷 | 다이닝 재킷 | 겨울 코트 | 가죽 장갑 | 구두 | 캐빈 슈즈(플랫 슈즈) | 트롤리* | 슈트케이스 | 핸드백 | 크루 태그 | 벨트 | 곱창 밴드 | 배지 | 이름표

* 정식 명칭은 트롤리 케이스(trolley case). 승무원들이 항상 끌고 다니는 기내용 슈트케이스.

트레이닝 중반부터 버건디 유니폼을 입는다. 두 달간의 트레이닝은 크게 두 부분으로 나뉘는데 전반부는 안전교육, 후반부는 서비스 관련 내용이다. 훈련생들은 서비스 교육 단계부터 유니폼을 갖춰 입어야 한다. 머리와 가슴으로 고객을 배려하고 이해하려는 자세와 마인드는 하루아침에 만들어지는 것이 아니기 때문이다. 이후 윙데이(Wing Day, 수료식)까지는 무조건 실전처럼 교육이 진행된다.

나와 동기들은 사실 서비스 교육이고 뭐고 유니폼을 입을 수 있다는 것만으로도 설렜다. 유니폼은 펭귄들의 사기를 북돋워주는 큰 선물이자 혜택이다. 첫 유니폼을 입던 날, 그 어느 때보다도 준비하는 데 오래 걸렸다. 방문을 나서기 직전 모자를 쓰고 핸드백을 손에 들던 순간의 기분은 겪어본 사람만 알리라. 기대, 감격, 감동, 설렘, 약간의 두려움 등 복합된 감정이 휘몰아치면서 처음 교복을 입고 중학교 교문에 들어서던 때가 생각났다.

유니폼 차림으로 출근한 지 1주일째, 현재 나는 객실 서비스 트레이닝 중이다. 다양한 상황을 전제로 롤 플레이를 할 때마다 아래와 같은 피드백을 듣고 있다.

"마음에서 우러나오는 서비스는 어디 있는 거야? 난 전혀 모르겠는데?"

물론 단박에 상황을 파악하고 능숙하게 롤 플레이를 선보이는

버건디 유니폼, 바지가 최고

이들도 있다. 우리 기수가 좀 특이해서 동기들의 이력이 다양하다. 의사, 경제학자, 식품 연구원에서 콜센터 직원, 접수원, 보석 디자이너까지.

콜센터에서 7년간 근무한 필리핀 동기는 목소리에서 꿀이 흐른다. 또 언제나 이성을 잃지 않고 노련하게 대처한다. 접수원으로 2년간 근무했다는 동기는 표정이 항상 침착하다. 반면에 서비스 업종 경험이 전혀 없는 나는… 차마 말로 표현할 수 없다. 처음 접하는 영역에 대한 막연한 두려움과, 잘 못하고 있다는 자기 질타가 고개를 든다. 그럴 때마다 나 자신을 다독인다.

'이 과정을 거치고 나면 더 나은 사람이 되어 있겠지.'

이제 윙데이까지 정말 얼마 남지 않았다. 혼자서 구역을 담당하는 솔로(solo) 비행에 앞서 두 번의 옵서버(observer) 비행, 즉 견습 비행 스케줄까지 확정된 지금, 기분 좋은 긴장감이 온몸을 휘감는다.

아! 옵서버 비행으로 그리스의 테살로니키와 레바논의 베이루트를 가게 되었다. 하루빨리 날고 싶다.

트레이닝이 어떻냐면요

트레이닝 시작 후 3일은 허니문이다. 마냥 기쁘고 설레고 행복한 기간이라 이렇게 부른다. 물론 최종 합격과 조이닝이 목표였던 당사자들은 처음엔 절대 이해하지 못한다. 하지만 3일 뒤, 안전교육 담당 교육관이 들어와《수학의 정석》에 버금가는 두께의 책을 두 권씩 나눠주며 다음 일정을 줄줄 읊는 순간 깨닫는다.'행복 끝, 고생 시작이구나.'

"자, 승무원이 하는'비행 전 점검(pre-flight check)'의 목적이 뭐지?'보안검색(security search)'의 정의를 넣어서 답해 봐!"

1초도 망설이지 않고 대답 아닌 정답이 나와야 한다. 카타르 항공은 트레이닝의 강도가 세기로 업계에서 악명 높다. 트레이닝은 1주일에 딱 하루, 금요일을 제외한 주 6일 출근이 원칙으로 약 8주간 진행된다. 안전교육(3주), 응급처치(1주), EQ·CRM·그루밍·위험물 관리 등 기타 교육(1주), 객실 서비스(2주), 비상착륙과 구

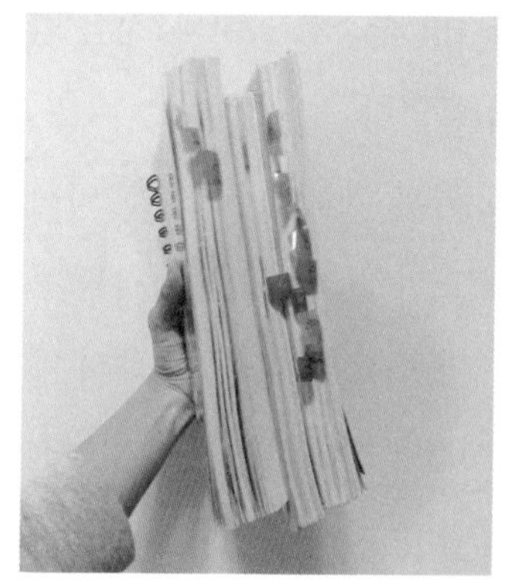

새 교과서, 아주 무거움 (좌)
센터 출입증, 아직은 승무원 아님 (우)

명보트 및 시뮬레이션(1주)까지 정확히 8주다. 각 과목이 끝날 때마다 최종 시험을 보고, 마지막 시뮬레이션에서는 전 과정을 아울러 모의 비행 시험을 치른다. 교육과 시험의 연속이다.

'힘들어 봐야 얼마나 힘들겠어. 나는 한국에서 수능까지 두 번 친 여자야.'

이렇게 얕보던 나조차 첫 2주를 겁에 질려 보냈다. 처음 배우는 내용과 용어, 낯선 환경과 시차 적응까지 하느라 뇌에 과부하가 걸렸고 머리가 베개에 닿기만 하면 잠이 드는 기적을 경험했다. 나의 하루는 오전 5시부터 시작되었다. 기상해서 머리부터 발끝까지 완벽하게 준비한 후 6시 35분 셔틀버스를 타고 트레이닝 센터로 향했다. 오후 2시쯤 수업이 끝나면 숙소로 돌아와, 점심 먹고 손빨래하고 복습하고 쓰러지듯 잠들었다.

훈련받는 과목은 다양하다. 안전교육과 객실 서비스뿐만 아니라 응급처치, 감성지수(EQ), 복장 및 스타일(그루밍), 비상착륙 훈련, 그리고 최종 시뮬레이션까지. 다양한 교과목을 압축해서 배우는 학교인 셈이다. 이 중 가장 긴 시간을 할애하는 분야가 안전교육이다. 국제 비행 규정, 국제항공법 및 자사 규정에서 시작해 각 비행기 모델의 세세한 부분까지 공부한다. 처음엔 어렵지만 적응하면 나름대로 재밌다. 물론 이미 수료하고 과거를 되돌아보는 입장에서나 할 수 있는 말이다.

나와 동기들은 매일 아침 잔뜩 굳은 채 수업이 시작되길 기다렸다. 구술시험 때문이었다. 배운 내용을 1:1로 묻고 답하는 시험이 단 하루도 빠지지 않고 진행되었다. 하도 대답을 못해 자신감이 떨어진 인도인 친구, 화장실로 달려가 눈물범벅이 된 태국인 친구를 비롯하여 너무 긴장해서 목소리마저 잘 안 나오는 친구까지 각양각색이었다.

그 밖에 과제도 있고, 필기시험도 있었다. 비행 중인 선배들을 대상으로 인터뷰도 해야 했는데 선배들은 인터뷰 때마다 이렇게 말했다.

"오, 너희 비행 시작하면 지금 이 시간이 그리워질 거야."

만약 안전교육 최종 시험에 합격하지 못하면 트레이닝을 처음부터 다시 받거나 1:1로 재시험을 치러야 한다. 겁주려고 하는 소리겠거니 했는데 실제로 그런 일이 벌어진다. 절대 이런 식으로 한 달을 다시 보낼 수 없다는 일념 하나로 이 악물고 공부했다.

안전교육이 끝나면 '그나마 한시름 놓았다' 생각할 텐데 천만의 말씀. 응급처치가 시작된다. 사랑스런 애니(실습용 인체 모형)와 함께하는 심폐소생술, 응급처치 키트에 들어 있는 약 종류와 도구 암기 등, 비행기에서 혹시라도 발생할 크고 작은 의료 관련 위기 상황 대처법을 배운다. 여기엔 분만도 포함된다. 분만 다큐 영상을 보며 관련 도구를 늘어놓고 하나하나 외우기까지 한다. 누가 비행기 안에서 아기를 낳을까 반신반의했는데, 동기 중 한 명이 비행 시작 6개월 만에 필리핀으로 향하는 비행기 안에서 아기를 받았다고 했다.

여기까지가 트레이닝 중간 지점이다. 이후 1주일 동안 인사과에서 배울 법한 CRM 등 다양한 교육을 받는다. 여기서 CRM은 '승무원 자원 관리(Crew Resource Management)'의 약자로, 크루들 간의 원활한 의사소통을 도모해 비행사고율 0%를 달성하기 위한 수업이다. 유니폼 착용법과 외양을 단정히 하는 그루밍 교육, 그리고 위험물 관리법까지 거치면 마침내 객실 서비스에 도착한다.

객실 서비스의 경우 물품 암기, 도구 사용법, 칵테일 제조 등 내용은 다르지만 앞서 받은 교육과 마찬가지로 강도 높은 교육이 이어진다. 한 가지 특이한 점은 고객 응대 처세술을 연습한다는 것이다. 이를테면 "아이스크림은 없어요?", "저기요! 옆 사람한테 냄새가 나서 여기 못 앉겠어요", "아가씨, 나는 채식주의자예요. 채식 메뉴를 줘요", "술 좀 더 가져와" 등, 비행기 안에서 벌어지는 천태만상에 대처하는 법을 배운다.

마지막으로 비상착륙시 슬라이드를 타고 내려가 물속에 빠져 구명보트에 캐노피를 치고 살아남는 법까지 체험하고 나면 엄격·근엄·진지한 심사관들 앞에서 비행 시뮬레이션을 진행한다. 비행 전 브리핑에서 탑승과 이륙, 착륙까지 모의 비행을 끝내면 진짜 끝이다, 끝. 날개를 달고 비행하는 일만 남는다.

트레이닝 담당 교육관들은 대부분 좋은 분들이었다. 비행 경력 기본 10년 이상에 산전수전 다 겪은 베테랑으로, 가자미눈을 뜨고 '이 아이의 꼬투리를 잡아 어떻게든 떨어뜨리고야 말겠어' 식으로 훈련생들을 가르치고 평가하는 교육관은 없었다. 본인의 시간을 투자해 나머지 공부를 시켜서라도 맡은 반의 예비 승무원들을 전부 통과시키려 했다. 특히 우리 반의 안전교육 담당 교육관 마노쉬는 최고의 선생님이었다(우린 그를 '미스터 마노쉬'라고 불렀다). 열정 넘치던 미스터 마노쉬 덕분에 우리 반은 항상 꼴찌로 교실 문을 나서야 했다.

현장 실습을 나간 날, 활주로에 서 있는 비행기를 보며 미스터 마노쉬가 말했다.

"저 커다란 엔진을 좀 봐. 너무 아름답지 않니?"

그의 얼굴에서는 자부심과 열정이 묻어 나왔다. 미스터 마노쉬에게 받은 교육은 앞으로도 소중한 추억으로 기억될 것이다.

윙데이

최근 들어 유튜브 플레이리스트에 빠져 있다. 어느 낯선 능력자가 공들여 선곡한 목록이 내 방 최고의 인테리어다. 지금은 'sora.wav'가 커버한 〈Coffee〉를 들으며 글을 쓴다. 현실은 도하 방구석 창문 옆이지만 기분만큼은 유럽의 어느 노천카페에 앉아 따스한 햇볕을 쬐고 있는 중이다. 도하에서 걱정 근심 없이 맞이하는 첫 아침이라 그런지 뭘 해도 기분이 좋다.

어제 드디어 '날개'를 달았다. 전날 아침 출근 준비를 하면서 '영원히 찾아올 것 같지 않던 그날이 오긴 오는구나' 싶었다. 옵서버 비행 전까지 5일간의 휴식 시간이 주어졌다. 이제 새벽같이 일어나 시험 준비 안 해도 되고, 흔들리는 버스 안에서 치열하게 암기하지 않아도 된다. 정신적 압박이 사라지니 세상이 아름다워 보인다.

트레이닝 시작 전부터 기다리던 윙데이였는데 막상 닥치고 보니 예상 외로 무덤덤했다. 하루하루가 느리게 간다고 생각했는데 1주일은 또 빨리 간 것 같고, 한 달은 더 빨랐던 것 같기도 하고…. 수료 날이라고 해서 특별히 기쁘거나 감상에 젖지는 않았다. 물론 눈물을 흘리는 동기도 있었다. 두 달간의 트레이닝이 힘들었던 걸까, 아니면 이별 후 홀로 서기가 힘든 걸까. 나는 윙데이 내내 차분한 마음으로 지난 두 달을 회상했다. 안전교육 첫 주가 어땠나, 그동안 어떻게 버텼나, 시험 전날 아침·저녁이 어땠던가.

도하, 동기들과, 윙 달았다!

도하에 도착한 첫날부터 약 두 달간 참으로 치열하게 살았다. 정착, 공부, 실습 그리고 시험. 오랜만에 바쁜 일정에 시달리고 성과에 대한 압박을 겪으며 오히려 살아 있음을 느꼈다. 매일매일 좋은 평가를 받기 위해 노력했고, 긍정적인 피드백을 받을 때마다 성취감이 들었다. 힘든 서비스 트레이닝도 날이 갈수록 더 잘하고 싶다는 욕심이 생겼다. 물론 매 순간 행복하고 아름다웠던 건 아니다. 외로웠고, 속상했고, 짜증도 났다. 그래도 버텼다. 때로는 초콜릿에 의존했고, 폭식도 했고, 친구와 메신저로 폭풍 수다도 떨면서 버텼다.

아침에 일어나자마자 음악과 함께 하루를 시작한다. 머리를 올리고 화장을 하면서, 또 유니폼으로 갈아입으면서 그날의 기분을 배가시켜 주는 음악 리스트를 고른다. 우울할 땐 더 우울하게, 설렐 때는 더 설레게, 몽롱할 때는 더 몽롱하게. 아침 컨디션이나 기분이 안 좋더라도 굳이 바꾸려고 하지 않는다. 개인적으로 꼭 지키는 규칙이다. 처음 눈을 뜨자마자 느낀 감정을 끝까지 유지하면 그날 하루가 물 흐르듯 흘러간다. 아침부터 우울할 때도 감정이 흐트러지지 않게 도와주는 음악을 듣는다. 신기하게도 우울한 날 오히려 차분해지며 집중이 잘되는 편이다.

퇴근 후도 마찬가지다. 모자도 벗기 전에 핸드백과 트롤리를 내팽개친 후 노트북을 켜고 노래부터 재생시킨다. 아무도 없는 집, 내 방에 들어서도 1~2분만 외로움을 견디면 이내 방 공기가 따스해진다. 음악의 힘은 참으로 놀랍다. 집중해서 감상할 때나, 아무 생각 없이 틀어놓을 때나, 내가 머무는 그 시간과 공간을 붙잡아놓는 힘이 있다. 유튜브 플레이리스트는 까르보불닭볶음면과 더불어 두 달간 나의 트레이닝 기간을 책임진 일등공신이다.

오늘 아침, 알람 소리를 듣기도 전에 눈이 떠졌다. 어젯밤에는 오랜만에 커튼도 치고 이불까지 덮고 잠자리에 들었다(원래 이불 위에 쓰러져 잠이 들곤 했다). 한 줄기의 빛도 허용하지 않는 암막 커튼 덕분에 푹 잘 수 있었다. 한참을 잔 줄 알았는데 눈을 뜨니 오전 5시 46분이었다. 이래서 습관이 무서운 거다. 역시나 일어나자마자 유튜브다. 창문 밖으로 진한 파란색에 하얀 구름을 섞은 것처럼 보이는 부드러운 하늘이 펼쳐져 있었다. 달달한 노래가 듣고 싶어졌다. 아침을 여는 오늘의 플레이리스트 제목은 '달달하고 설레는 봄 팝송'이다.

두 번의 옵서버 비행

'하늘은 푸르고 구름은 참으로 새하얗구나. 구름 위를 나는 기분이란 이런 걸까.'

처음 들어가 본 조종실은 생각보다 좁았다. 온갖 버튼으로 가득한 낮은 천장과 계기판을 보고 있자니 머리가 지끈거렸다. 하지만 눈을 돌려 창문 너머를 본 순간 바로 옆 기장도, 부기장도, 의미 모를 숫자와 계기판도 눈에 들어오지 않았다. 조종실 밖에서 나를 기다리고 있을 카트와 작성해야 할 서류도 사라지고, 오로지 뭉게뭉게 피어 있는 새하얀 구름과 푸른 하늘만 눈에 들어왔다. 눈앞에 하늘이, 발아래에 구름이 있다니!

두 번의 옵서버 비행을 무사히 마치고 도하에 돌아와 하루 종일 잠만 잤다. 이틀 연속 9시간 이상의 턴어라운드(turnaround)*

* 취항지에 머물지 않고 바로 돌아오는 것. 레이오버(layover)는 취항지에 일정 시간 머물다 돌아오는 비행.

비행으로 녹초가 되었지만 첫 옵서버 비행에서 정말 좋은 크루와 부사무장(CS), 기장을 만났다. 그리고 무엇보다 매너 좋은 승객들 덕분에 많은 걸 배울 수 있었다.

트레이닝을 마치면 에어버스 기종과 보잉 기종에서 각각 한 차례씩 두 번의 옵서버 비행 기회가 주어진다. 본격적으로 각자 구역을 맡기 전, 감을 익히기 위해 꼭 필요한 비행이다. 솔로 비행 전에 옵서버 비행이 더 많았으면 하는데 아쉬울 따름이다. 트레이닝을 받으며 솔로 비행에서 한 사람이 맡는 책임감과 업무량에 관해 지겹도록 듣기 때문에 그 부담감은 어마어마하다. 잔뜩 겁에 질려 매뉴얼을 읽고 또 읽지만, 훈련과 실전은 다를 게 분명하니 부담감은 사라지지 않고 더 불안해진다.

그렇다면 옵서버 비행에선 무엇을 하는 걸까? 단순히 관찰하고 배우기만 하는 역할이 아니다. 온전히 책임지는 특정 구역이 주어지지 않을 뿐, 이곳저곳 불려 다니며 트레이닝에서 배운 모든 것을 직접 해본다. 단 이틀간의 인턴이라고 생각하면 될 것 같다.

첫 번째 옵서버 비행은 A320* 편으로 그리스의 테살로니키에 갔다가 바로 도하로 돌아오는 턴어라운드 비행이었다. 그리스 하면 아테네밖에 몰랐는데 덕분에 새로운 도시를 알게 되었다. 전

* 비행기 이름은 에어버스(Airbus)와 보잉(Boeing) 등 각 제조사 알파벳 첫 글자로 시작한다.

QATAR AIRWAYS

전날부터 안절부절못하며 괜한 불안감에 매뉴얼을 뒤적거리다 그냥 될 대로 되라는 심정이 되어버렸다.

'어차피 그동안 열심히 해왔어! 트레이닝도 끝난 마당에 마음 편히 있자!'

처음인데 실수하면 어떠랴 싶었다. 영화 보러 갔다가 간만에 쇼핑과 외식까지 하고 돌아왔다. 동기들은 이미 첫 번째 옵서버 비행을 끝내고 두 번째를 가거나 준비하고 있는 마당에 나는 시작도 못 한 상태였다(우리 기수에서 내 스케줄이 가장 느렸다).

"첫 옵서버는 어땠다", "지금 ○○호텔이다", "실수를 너무 많이 해서 민망했다" 등등, 그룹 채팅방에 다양한 경험담이 올라오면서 나는 첫 비행이 더욱 기다려졌다. 한편으로는 첫 비행이 오지 않았으면 싶을 만큼 걱정도 많았다. 처음 만나는 사람들과 한 팀으로 비행을 한다는 게 어떤 느낌일지, 부사무장이 하는 질문에 제때 답이나 할 수 있을지, 궁금한 걸 그때그때 물어봐도 되는 건지…. 심지어 다음 날 픽업 시간에 못 일어날까 봐 탁상시계는 물론 휴대폰 두 대의 알람을 10분 간격으로 맞춰놓기까지 했다.

첫 옵서버 비행을 위해 셔틀버스를 타러 가는 엘리베이터 안에서 유니폼을 규정대로 입었는지 끊임없이 거울에 비춰보며, 머릿속으론 서비스에 필요한 물품을 다 챙겼는지 되뇌었다. 브리핑룸에서 자기소개를 어떻게 했는지, 질문에 맞게 답했는지, 기내에 도착해 제일 먼저 뭘 했는지 모를 정도로 시간이 정신없이 흘렀다. 첫 번째 기내 서비스가 끝난 뒤 잠시 여유가 생겼다.

"처음으로 갤리(기내 주방) 매니저 하면서 서류 작성할 때 손을 바들바들 떨었잖아."

나에게 갤리에 대해 설명해 준 필리핀 출신 크루가 이렇게 말하자, 옆에 있던 콜롬비아 출신 크루가 맞장구를 쳤다. 전 좌석의 3분의 1가량만 채워진 비교적 가벼운 비행이었다. 동료 크루들은 긴 비행시간 동안 자신들의 비행 초기 실수담을 들려주며, 업무를 빨리 익히고 예상치 못한 상황에 유연하게 대처하는 노하우를 전수해 주었다. 부사무장도 여유가 생기자 아무것도 모르는 나를 비행기 머리부터 발끝까지 데리고 다녔다. 어디에 뭐가 있는지, 비상시 필요한 기구나 장비가 어디 있는지 직접 보여주고, 나에게 사용법을 설명해 보라며 간단한 테스트까지 진행했다.

차츰 용기가 생기자 여유를 되찾고 백발이 성성한 할머니 승객 옆에서 잠깐 수다를 떨기도 했다. 본인을 호주 출신이라고 소개한 그분은 여름을 찾아다니는 모험가였다. 여름이 끝난 호주를 뒤로한 채 도하를 경유해 테살로니키로 가는 길이었다. 6개월은 호주에서, 나머지 6개월은 테살로니키에서 보내는 그분에게 지구는 1년 365일 여름인 셈이다. 멋진 삶이다. 그 승객분은 테살로니키는 매우 아름다운 도시라며, 우리가 승객들을 내려주고 바로 돌아가는 것을 안타까워했다. 기회가 되면 꼭 휴가 보내러 오라고 말씀하시는 모습이 참 행복해 보였다.

이륙과 착륙 때 지정받은 점프시트(jump seat)가 없어 비어 있는 승객석에 앉았는데 느낌이 묘했다. 사실 동료 크루들과 갤리에서 밥을 먹을 때도 아무 생각이 없었건만 승객석에 앉아 착륙하길 기다리면서 실감이 났다.

'여행 다닐 때만 타던 비행기를 이제는 맨날 타겠구나. 버스나 택시보다 더 자주 타게 되는 거야. 진짜 승무원이 됐어.'

두 번째 옵서버 비행은 B777-HD 편으로 가는 레바논의 베이루트였다. 두 번째 턴어라운드. 첫 번째 옵서버 비행 때 너무 편했던 걸까. 베이루트로 향하는 보잉기에서는 옵서버 비행인데도 책임 구역을 받았다. 솔로 비행이나 다름없었다. 비행기에 올라 구석구석 보안검색을 시작으로 승객 탑승을 지나 첫 번째 식사 서비스까지 시간이 어떻게 갔는지 모르겠다. 시계 볼 틈도 없이 복도를 왔다갔다 혼돈의 시간을 보내면서 마치 큰 행사를 치러낸 느낌이었다. 나만 그런 것인지 다른 크루들은 바빠도 여유가 있어 보였다. 첫 번째와는 다르게 진짜 비행이란 이런 건가 싶을 정도로 분주한 기내와 갤리를 보며 몸으로 익혔다. 도하에서 베이루트를 찍고 다시 도하로 돌아오기까지 약 9시간 동안 쉴 새 없이 움직이면서 깨달았다.

'생각하기 전에 몸이 먼저 움직여야 하고, 매뉴얼대로만 따르기보다 유연성 있는 대처가 중요하구나! 빨리 익숙해져야겠다.'

혼란스러운 와중에 앞쪽 구역에서는 여성 승객이 기절하는 사태까지 발생했다. 다행히 의식을 찾아 심폐소생술이나 자동 제세동기를 사용하지는 않았지만, 매 비행 때마다 응급의료 상황이 발생한다던 트레이닝 교육관의 말이 실감 나는 순간이었다. 이외에도 인슐린 주사기를 맡기는 승객, 가벼운 두통을 호소하는 승객, 손을 베어 피가 나는 승객 등 매뉴얼이 살아 움직이나 싶을 정도로 다양한 케이스를 접할 수 있었다.

공항에 내려 셔틀버스를 타고 집으로 돌아오는 길에 진이 빠져

배고픔도 느껴지지 않았다(사실 기내에서 이것저것 너무 많이 먹었다). 집에 도착해 샤워부터 하고 나니 정신이 들기 시작했다. 이틀간 내가 뭘 한 건지 어렴풋한 기억 속을 뒤져 다시 한 번 복습하고 싶었으나 침대에 눕자마자 바로 곯아떨어졌다.

이제부터는 솔로 비행이다. 도하에 와서 힘든 훈련에 징징대던 게 바로 어제 일 같은데 두 번의 옵서버 비행도 끝나고, 그렇게 원하던 진짜 비행을 시작하게 되었다. 혼자서 맡은 책임을 다할 수 있을지 걱정되는 마음보다 처음 가보는 도시에 대한 설렘이 더 큰 걸 보면 아직까지는 살 만한 모양이다.

첫 솔로 비행은 로마다! 오드리 헵번이 베스파 스쿠터를 타고 가로지르던 사랑의 도시는 어떤 모습일지 기대된다.

도하는 지금 금식 중

외롭다. 그것도 매우. 감수성이 폭발하는 밤 11시. 글쓰기 위험한 시간이다. '라마단' 기간에 낯선 도시, 낯선 문화에 적응하기 위해 애쓰는 외국인 노동자의 이야기를 해볼까 한다.

밤 9~10시에 침대에 누워 오전 5시면 눈이 저절로 떠지는 생활을 하고 있으니 지금이 나에겐 밤이 아니라 새벽인 셈이다. 따라서 다음 날이면 '이불 킥'일 게 분명한 생각들을 끄적거려도 괜찮을 것 같다. 한 줄로 요약해 본다면 '나는 지금 외로움과 지루함에 미쳐버리기 딱 10초 전'이다.

혹시라도 이슬람 국가로 여행 계획을 세우고 있다면 라마단 기간은 아닌지 자세히 알아봐야 한다. 무턱대고 비행기 티켓을 끊었다가 낭패를 보는 수가 있다.

그동안 암스테르담(네덜란드)을 마지막으로 테헤란(이란), 소피아(불가리아) 턴어라운드를 다녀왔고, 빈(오스트리아) 비행이 아무

도하, 까르푸,
그림의 떡

런 설명도 없이 취소되었다. 따라서 2일 오프 뒤에 원하지 않았던 3일 스탠바이(대기 근무)로, 총 5일째 계속 도하에 체류 중이다.

카타르는 현재 라마단 기간이다. 가뜩이나 사람 없는 거리에는 개미 새끼 한 마리 보이지 않는다. 사실 개미도 데일 것 같은 태양과 더위를 피해 살길 찾아 진작 떠났음이 분명하다. 집에서 쉬는 것도 하루 이틀이지 지금은 방 안에 감금된 거나 다름없다.

라마단이란 이슬람력으로 아홉 번째 달을 의미한다. 이슬람 신자, 즉 무슬림은 이 한 달간 금식해야 한다. 해가 떠 있는 동안은 길거리에서 먹고 마시는 행위가 금지되며 카페, 레스토랑, 쇼핑몰, 클럽, 호텔 내 술집 등 모든 곳이 문을 닫는다. 금식하는 것을 '패스팅(Fasting)'이라고 부르는데 지금 나라 전체가 패스팅 중이다. 해가 진 후에야 비로소 상점들이 문을 열고, 하루 종일 굶었던 사람들도 목을 축이고 배를 채운다. 다시 말해 낮 동안에는 어디

외출하는 게 불가능하다. 나의 단골 카페도 해 진 후부터 밤 8시까지만 이프타르(Iftar) 뷔페를 연다. 한 달 동안 카페가 아니라 뷔페로 운영되는 셈이다. 카페도 못 가고, 얘기할 사람도 없고… 이러다 정말 미치는 게 아닐까. 한국에 있을 때도 쉬는 날조차 집에 못 있고 밖을 싸돌아다니던 나였으니 말 다했다.

'어차피 난 무슬림도 아니고 비행 중일 텐데 무슨 상관이야' 싶었는데 고통스러운 현실에 헛웃음이 나온다. 도하에 살고 있는 이상 영향을 받을 수밖에 없고 적응해야만 한다. 비행하는 크루들 중에도 무슬림 비중이 꽤 높다 보니 브리핑 룸에서는 새로운 질문이 추가되었다.

"지금 금식하는 사람(Fasting)?"

9~10시간 장거리 비행이라도 종교적 신념에 따라 물 한 모금 허용하지 않고 눈에 핏발이 선 채로 일하는 크루들을 보면 안쓰럽기보다 신기함이 앞선다. 라마단 기간 중에는 기내 서비스도 바뀐다. 비즈니스 객실에서는 대추야자와 요거트 등이 추가되며, 금식하는 승객을 위해 기내식을 빼놨다가 해 지는 시각에 맞춰 별도로 제공한다. 기내방송으로 현지 시각을 계산해서 해 지는 시각을 알리기도 한다.

'나는 외롭지 않다. 나는 생산적인 인간이야.'

라마단에 살아남기 위해 속으로 주문을 되뇌며 나름의 생존 방법을 구축해 놨다. 이름하여 '라마단을 이겨내는 법'.

첫째, 유쾌한 책을 읽는다.

소설책이 아니라 산문집을 읽어야 한다. 갈등의 전개, 위기, 절정 없이 유쾌한 이야기를 접한다. 가령 《여자 둘이 살고 있습니다》 같은 에세이를 읽고 있으면 두 작가와 고양이 네 마리의 관계성이 머릿속에 그려지면서 마음이 따뜻해진다. 부러움을 넘어서서 질투심까지 느낄 정도다. '언젠가 나도 그녀들 같은 친구를 만날 수 있을까, 나는 누군가에게 같이 살고 싶은 사람일까' 생각하다 보면 2~3시간은 거뜬하다.

둘째, 8090 음악을 듣는다.

책발이 떨어지면 1980~1990년대 한국 가요나 일본 가요를 크게 틀어놓고 따라 부르기 시작한다. 그 시대 감성에 빠져서 허우적거리다 보면 1시간이 후딱 간다. 나는 원래 노래방이라면 질색이었는데, 요즘은 블루투스 마이크를 구매할까 심각하게 고민 중이다. 최근에 꽂힌 노래는 유재하의 〈내 마음에 비친 내 모습〉과 일본 밴드 자드(ZARD)의 〈負けないで(지지 말아요)〉다. 지금도 목청껏 따라 부르다 울컥해서 펜을 들었다. 플랫메이트는 지금쯤 워싱턴 상공을 날고 있을 테니 이 정도 고성방가쯤은 괜찮다.

셋째, 넷플릭스 정주행에 도전한다.

넷째, 쟁여놓은 과자를 먹는다.

다섯째, 그동안 모아온 전리품을 보고 기뻐한다.

도하, 전통 시장, 이질감

오늘도 미국 시트콤 〈프렌즈〉를 틀어놓고, 한국에서 쟁여온 호떡믹스로 제법 그럴듯하게 호떡을 만들어 오물거리며, 그동안 모은 각국의 동전이나 기념 자석 등을 들춰보았다. 사실상 그 무엇에도 집중하지 않고 시간을 때우는 셈이다.

문득 트레이닝 기간 동안 담당 교육관이 했던 말이 생각난다.

"너희는 1년 동안 아주 많이 변할 거야. 아예 다른 사람이 될 수도 있어."

그때는 변하는 게 당연하다고 생각했다. 많은 걸 보고 경험할 테니 시야도 넓어지고 생각의 폭도 달라지겠지. 그렇게 발전하는 방향으로만 생각했다. 그런데 그 한마디에는 많은 의미가 담겨 있었다. '혼자'가 익숙해지는 것이다. 혼자서 뭐든 할 수 있는 독립된 인격체로 성장하는 한편, 옆에 누가 없어도 혼자 재밌게 노는 사람이 되어 스스로를 고독 속으로 밀어 넣을지도 모른다.

나는 외로움에 익숙해지고 싶지 않다. 혼자보다는 둘이 좋고, 함께 나눌 수 있었으면 좋겠다. 지금은 라마단을 어떻게 보낼지 생각하느라 급급하지만 시간이 지나면서 나만의 방법을 터득하겠지. 시간에 맡기련다.

글 쓰다가 책을 읽고, 과자 먹으면서 영화도 봤다가(심지어 과자까지 떨어졌다. 근데 사러 갈 수가 없다) 모아놓은 자석이나 머그컵을 굳이 꺼내서 뒤적거려도 시간이 참 천천히 간다. 지금 내가 바라는 건 딱 한 가지다. 집 밖으로 나가지 않아도, 혹은 반경 300m 안에 내 이야기를 들어줄 사람이 있었으면 좋겠다. 어느 정도냐고? 소개팅 앱을 깔고 근방 1km 이내 '나 한가해요'를 찾기 일보 직전이다.

당신은 오프로드 당했습니다

돌돌돌돌.

잠결에 트롤리 끄는 소리를 듣고 플랫메이트가 집에 왔음을 알아차렸다.

'아, 다니가 왔구나.'

한집에 사는 플랫메이트의 얼굴도 못 본 채 트롤리 끄는 소리, 방문을 잠그거나 여는 소리로 서로가 무사히 살아 있음을 깨닫곤 한다. 다니의 생존을 확인하고 다시 잠들고자 무던히 노력했다. 몇 시간 뒤 비행이라.

6월 들어 부쩍 몸 이곳저곳이 아프고 불편하다며 비명을 질러 댔다. 처음엔 무시했는데, 이것저것 검색하며 온갖 안 좋은 정보만 접하다 보니 불안해지기 시작했다.

'야간 근무만 9년 한 여성의 최악의 몸 상태라든가, 비행기를 자주 타는 사람들의 뇌세포 감소라든가, 전부 내 얘기잖아!'

그러다 바로 며칠 전에 일이 터졌다. 헬싱키 새벽 비행에서 돌아온 직후 피곤한 건지 배고픈 건지 구분조차 안 가는 상황에서 눈이라도 좀 붙이려고 침대에 누웠는데, 왼쪽 가슴이 불편해서 도무지 누워 있을 수가 없었다. 요즘 너무 무리해서 그런가? 6월 스케줄은 정말이지 강행군이었다. 총 11군데, 122시간. 내 스케줄만 이런 게 아니라 우리 항공사 승무원 평균 비행시간이 다 이런 식이다.

잠 못 자고 피곤하면 심장박동이 빨라진다던데, 마치 몰래 저지른 일을 들킬까 두려워하는 꼬마처럼 심장이 빠르고 약하게 뛰었다. 불편하고 짜증나고 무섭고. 하루 종일 미간을 찌푸린 채 저녁 비행을 기다렸다. 침대에도 누웠다가, 책상 앞에도 앉았다가, 평소 쳐다보지도 않던 거실 소파에도 널브러져 있어봤지만 나아지지 않았다.

"말포이! 네 엄마는 항상 코 밑에 똥을 달고 다니는 것 같더라."

나의 10대 시절을 책임진 《해리 포터》 시리즈에 이런 대사가 나온다. 항상 인상을 찌푸리고 다니는 말포이 엄마를 저격한 해리의 일격이다. 만약 해리가 내 표정을 봤다면 똑같은 대사를 날려줬을 것이다. 피로와 스트레스가 쌓인 데다, 오랜만에 한국에 돌아가려고 예약해 놓은 비행기에서 '오프로드' 당할 확률마저 높아지자 불안감과 짜증까지 겹쳐, 말 그대로 최악의 상태였다.

오프로드는 좌석이 없어 비행기를 못 타는 경우를 뜻한다. 티켓을 구매했어도 여유 좌석이 없으면 그날은 아무데도 못 간다. 100% 환불 처리는 안 되지만, 수수료 없이 다른 비행기 편이나 날짜로 예약을 변경할 수는 있다(날아간 멘탈은 보상받지 못한다).

도하, 내 방, 여행의 흔적

외항사 승무원의 복지 중 최고봉이라고 알려진 '비행기 티켓 무한 제공'은 문자 그대로 '언제, 어디서나, 아무 때고' 사용할 수 있는 게 아니다. 승무원용 티켓은 할인율이 얼마나 높은지에 따라 보통 ID90과 ID50으로 나뉘는데, 구매한다고 해서 예약이 확정되지는 않는다. 무기한 대기해야 한다. 보통 탑승 1시간 전에 일반 승객 등록이 끝난 후 남은 자리를 예약 순이 아닌 사번 순으로 배부한다. 따라서 이제 막 입사한 나 같은 주니어는 항상 꼴찌인 셈이다.

비행 편이 많으면 문제 될 건 없다. 예를 들어 하루 4~5편씩 있는 방콕이나 홍콩 비행의 경우 좌석 부족으로 인해 오프로드 당할 걱정은 안 해도 된다. 하지만 한국행은 다르다. 도하-인천 노선은 하루에 단 한 편뿐이다. 새벽 2시에 도하를 출발해서 오후 5시쯤 인천에 도착하는, 유일무이한 인천행 비행은 언제나 일반 승객만으로도 만석이다. 따라서 한국인 크루들은 항상 조마조마하다.

"오프 때 한국을 왜 와? 먹고 싶은 걸 그렇게 못 참아?"

카타르 항공 합류 이전에 이처럼 망언을 일삼던 나 자신을 돌아보게 된다. 한국이, 한국 음식이 그리운 게 아니다. 사람이 그리운 거였다. 나도 사랑하는 가족과 친구들이 그리웠다. 무엇보다 도하에 있어서 놓친 엄마의 생일이 계속 마음에 걸렸다. 엄마는 생일 같은 건 어찌돼도 괜찮다고 하지만, 맨날 어디 아프다고 찡찡대는 딸자식 때문에 시간만 나면 온갖 비타민과 건강식품을 검색할 엄마가 자꾸 눈에 밟혀 꼭 한국에 가고 싶었다. 오프를 못 받아서 생일엔 못 갔지만 늦게라도 꽉 껴안아드리고 싶었다.

그래서 다른 크루들은 편하게 아예 탑승 1시간 전에 ID90 티켓을 예매할 때 나 홀로 마음의 안정이라도 얻고자 3주 전부터 티켓을 구매해 놓고 매일 로드 현황을 확인했다. 그런데 어찌된 영문인지 로드는 언제나 오버부킹으로 떴고 직원들이 쓸 수 있는 티켓조차 마이너스였다. 아마도 이때부터였다. 오프로드의 기운을 느낀 것은.

그렇게 6월 첫 주를 보냈다. 심장은 점점 빨라지고 미간이 아니라 얼굴 전체가 종이처럼 구겨졌다. 뭘 먹을 기분도 아니어서 의자에 늘어져 있는데 마침 동기가 연락을 해왔다. 답답함을 토로하면 조금이라도 나아질까 싶어 슬리퍼를 구겨 신고 급히 위층으로 올라갔다. 바로 몇 시간 후 비행이 있는 동기와 나에게 딱 3시간이 허용되었다. 직원 숙소 위아래 층에 살고 있는 우리는 정확히 한 달 하고 2주 만에 얼굴을 마주했다. 동기의 얼굴은 반쪽이 되어 있었다.

"너 얼굴 살이 쏙 빠졌어!"

"언니는 왜 그래! 얼굴에 스트레스라고 쓰여 있는데?"

그때부터 나는 온갖 하소연을 털어놓았고, 만만찮게 쌓여 있던 동기의 이야기 역시 폭포수처럼 쏟아져 나왔다.

비행이 힘든 건 사실이다. "이 일을 하다가 인간에 대한 혐오감이 생겼다"라며 웃어넘기던 시니어의 얘기가 가슴에 와닿는 요즘이다. 어른들 말씀마따나 세상에 쉬운 일 하나 없다. 돈 벌기 참 힘들다. 하지만 누구인들 힘들지 않으랴. 저마다 고충이 있겠지. 우리에게 힘든 일은 도하에서 살아가는 것이다. 이곳의 문화와 생활 방식을 존중하지만, 모든 게 갖춰진 도시에서 자유롭게 살다 온 우리에게 도하는 답답하다.

"우리 다시 고등학생 된 것 같다. 그치?"

나는 생수에 칼라만시를 타서 마시며 말했다. 이런저런 얘기를 쏟아내다 보니 어느덧 3시간이 훌쩍 가버렸다. 여전히 '-3'으로 남아 있는 로드 현황이 불안했지만 혹시 모르니 일단 공항에 가서 기다리기로 했다. 우버 택시를 불러 하마드 국제공항으로 향했다. 등록한 스태프 명단을 보여주는 모니터 앞에 멍하니 앉아

내 상태가 '대기'에서 '탑승 확정'으로 바뀌기를 간절히 기도했다. 슬쩍 보니 나처럼 한국 비행을 기다리는 동료 크루들이 침울하게 앉아 있었다. 새벽 2시 정각 출발 인천 비행이 2시 15분으로 바뀌더니, 2시 55분 출발인 다른 지역 비행 상태가 뜰 때까지 요지부동이었다. 작게나마 희망이 생겼다.

'혹시 다시 빈 좌석 정리하고 크루들을 태워가려고 지연되는 건가?'

드르륵.

"스태프 넘버 ****** 오프로드(offloaded)."

오프로드 당했다. 진동 소리에 화들짝 놀라 확인해 보니 "너 오프로드 당했음. 얼른 집에나 가라 메롱"이란다. 눈물이 솟구쳤다. 그냥 그 자리에 주저앉고 싶었다. 아니, 사실은 슈트케이스를 집어던지고 싶었다. 1시간 동안 멍하니 공항에 앉아 있다가 그나마 남아 있던 기운을 끌어모아 우버 택시를 불러 다시 숙소로 돌아왔다. 돌아오는 택시 안에서 청승맞게 코를 훌쩍이며 울었다. 심야 요금이라도 붙은 건지 공항 갈 때와 비교해 두 배가 된 요금에 더 눈물이 나왔다. 돌아오자마자 침대에 그대로 뻗어버렸다.

'나는 빛 좋은 개살구인가 봐.'

누군가에겐 이런 고민조차 사치겠지. 나도 외항사 승무원을 준비하면서 어떤 희생도 감수할 각오가 되어 있다고 믿었으니까. 내가 원한 건 단지 사랑하는 가족과 늦은 시간 둘러앉아 수다를 떨며 맥주 한 잔 기울이는 일이었는데 말이야.

결국 다음 날, 주어진 시간은 48시간뿐이었지만 무리해서 한국을 다녀왔다. 서울에서 강릉 다녀오듯, 도하에서 왕복 20시간인 곳에 도착해 딱 하룻밤 자고 다시 돌아온 지 한 달이 되어간다. 지금 내 표정은 어떤지, 혹시 말포이 엄마 같지나 않은지 확인해 보며 생각한다. '지금 이 시기를 잘 이겨내고 싶다.'

또 드라마 펼쳐진다

감회가 새롭다. 이곳 쿠알라룸푸르에 다시 오게 될 줄이야.

외항사 승무원이 되겠다고 결심한 이래 총 세 번의 면접을 봤는데, 첫 번째 면접이자 해외 오픈데이로 도전했던 곳이 바로 쿠알라룸푸르에 본사를 둔 에어아시아였다. 회사에 다니면서 외항사 면접이나 오픈데이에 대한 사전 정보도 별로 없을 때 일단 도전하고 보자는 심정으로 과감히 비행기 티켓 먼저 끊었다.

'오픈데이에서 떨어지더라도 해외여행 한 셈 치자. 오랜만에 쿠알라룸푸르 사는 친구들도 만나고 좋지 뭐.'

하루 종일 에어아시아 본사에서 면접을 보고 쿠알라룸푸르 시내를 둘러봤다. 페트로나스 트윈타워에 가서 사진도 찍고, 네덜란드 광장과 바투 동굴에도 갔다. 당일에 결과가 나오는 게 아니라서 시원하게 면접 보고 마음 편히 돌아다녔다.

그때까지만 해도 항공계 소식이라든가 승무원에 관해 아는 게 전무했다. 정말 아무것도 몰랐다. 비행기 기종이나 각 항공사별 특색, 승무원이 실제로 무슨 일을 하는지조차 몰랐던지라 오히려 걱정 없이 편안하게 면접을 봤던 것 같다. 화기애애한 분위기에서 진행된 첫 면접의 좋은 기억 덕분에 승무원 시험도 끝까지 도전할 수 있었다. 하지만 비행기 안에서 어떤 일이 벌어지는지, 승무원의 업무 범위가 어떻게 되는지 뻔히 알고 있는 지금, 그때와 똑같은 마음가짐으로 면접을 볼 수 있겠냐고 물어본다면, 대답은 "글쎄"다.

비행기 안은 작은 공동체와도 같다. 인구 300~400명 되는 지구촌 마을로, 하늘 위에서 불과 몇 시간 동안 작은 세계가 형성되는 것이다. 개인마다 국적, 나이, 성별, 직업, 경험 등이 달라 다양성을 자랑하는 만큼 동일한 수준의 이해가 형성되기 힘들다. 따라서 크고 작은 사건이 발생한다. 사람과 사람 사이에 발생하는 사건 말이다. 좌석이나 개인 공간 문제로 승객들 간에 언쟁이 벌어지기도 하고, 승객과 크루 사이에 문제가 생기기도 한다. 물론 크루들 사이에도 갈등이 발생한다. 지난 몇 개월 동안의 비행은 성악설을 믿는 나에게 더욱 확고한 믿음을 심어줬다. 인간은 평화롭게 살지 못하는 종족이라는 것.

함께 비행하는 크루들은 그날 만나서 그날 혹은 그다음 날 헤어지는 몇 시간짜리 인연에 불과하지만, 그 안에서도 갈등이 발생하고 조정이 이뤄진다. 가끔은 이간질도 벌어진다. 처음 대면하는 브리핑 룸에서는 상대가 어떤 사람인지 파악하기 어렵다. 그러나 탑승하는 첫 발걸음에서 윤곽이 나온다. 더 무서운 점은 한 개인에 대한 첫인상과 평가는 개인에서 끝나는 게 아니라 해당 국가에 대한 일반화로 이어진다는 사실이다. 성급한 일반화는 오류를 범한다는데, 슬프게도 대부분 맞아떨어진다.

예를 들어 태국과 필리핀 출신 크루들은 대체로 성실하다는 평이 자자하다. 꼼꼼하고 일 잘하기로 소문난 두 국적의 크루들은 개성이 강하지 않아 두루두루 잘 어울린다. 하지만 그들과 깊게 친해지기는 힘들다. 회사 내 인구 비중 2위, 3위의 두 국적 크루들은 내부 결속력이 강해서 굳이 다른 나라 크루들에게 마음을 주지 않는다. 한국인에 대한 평판도 좋은 편이다. 굉장히 독립적이고 야무지다. 맡은 일이 아니더라도 진행이 더디다 싶으면 그냥 두고 보지 못하고 자발적으로 도와준다(사서 고생한다).

회사에서 가장 큰 비중을 차지하는 서남아시아 크루들은 모 아니면 도다. 지극히 성실하거나 매우 게으르거나. 때로는 야망에 가득 차, 회사에 대한 지나친 충성심으로 다른 크루들을 힘들게 하는 경우도 있다. 크루들 사이에 퍼져 있는 국적에 대한 일반화와 온갖 소문을 처음엔 반신반의하다가 직접 마주하면 충격에 빠진다.

인간은 생각보다 무지하고 무신경하다. 회사에서 백날 문화적 다양성 교육과 EQ 트레이닝을 진행해 봤자, 본인이 하는 말과 행동이 인종차별인지 민감한 이슈인지 모르거나 일부러 무시하는 경우도 있다. 그럴 때 하는 말.

"또 드라마 펼쳐진다(Drama again)."

#1

하루는 동유럽에서 온 크루가 밥을 먹고 있는 내게 물었다.

"그래서 너는 평양에서 온 거야?"

처음엔 잘못 들은 줄 알고 되물었더니 평양에서 도하까지 어떻게 왔냐는 거다. 평소 같으면 무시했겠지만, 바쁜 서비스를 겨우 끝내고 한쪽에 서서 밥 먹던 와중에 그런 질문을 받으니 짜증이 솟구쳐 표정 관리를 못했다. 내 표정을 본 상대는 어색하게 웃으며 은근슬쩍 꼬리를 감췄다.

#2

동기가 겪은 일이다. 회사 건물에서 나와 비행기로 향할 때 크루들은 항상 지문, 동공 인식을 통과해야 한다. 시스템이 형편없어 인식을 못 하는 일이 비일비재하다. 기계가 동기의 지문과 동공을 인식하지 못해 시간이 걸리자 동아프리카 출신의 부사무장이 이렇게 말했단다. (손으로 동기의 두 눈을 가리키며) "너 눈이 너무 작아서 인식 못 하나 보다. 하하하."

이코노미 객실을 관리·감독하는 부사무장이란 사람이 할 말은

일본, 자마미섬, 새로운 세계로

아니지 않은가.

#3

크루 A : 한국인은 눈 뜨고 잔다며? 절반 정도, 이렇게!

나 : 그거야 사람에 따라 다르지. 한국인이 그런 게 아니라 그런 사람도 있고 아닌 사람도 있겠지.

크루 A : 아, 근데 눈 뜨고 자도 너넨 구별 안 되겠다. 아시아인들은 눈이 작잖아(혼자서 박장대소).

대만인 크루 : (크루 A에게) 너 인종차별주의자야?

심지어 크루 A는 대만 출신 크루에게 민감한 대만-중국 이슈를 언급하며 이렇게 말했다. "너는 중국 비행 가면 입국심사 통과 못 하는 거지?"

우연인지 아닌지, 위 일화에 등장하는 크루 세 명 중 두 명이 같은 나라 출신이다.

이유는 모르겠지만 부사무장에게 잘 보이고 싶어서 크루 사이를 이간질하는 이들도 있다. 이번 쿠알라룸푸르 비행에서도 한 크루가 사사건건 참견하며 훈수를 두더니 급기야 뒤에 있는 부사무장을 찾아가 미주알고주알 일러바쳤다.

"아니, 나는 이게 절차라고 애들한테 설명을 해도 쟤네는 저렇게 하더라고. 그래서 내가 일을 두 배로 했잖아."

부사무장은 그 크루를 비행 내내 '시어머니'라고 비꼬았다.

무슨 일이 발생할 때마다 크루들은 이렇게 반응한다.

"또 드라마 펼쳐지네."

그러고는 신경을 꺼버린다. 여기서 가장 편한 방법은 그냥 방관자가 되는 거니까. 어차피 왕복 몇 시간만 함께하면 끝나는 인스턴트 관계다. 술 취하면 나오는 행동이 그 사람의 진짜 모습이라던데, 비행기 안에서 벌어지는 일을 보고 있노라면 작고 밀폐된 공간에서 하는 행동 역시 인간의 본모습이 아닐까 싶다. 그렇다고 혼자 스트레스 받으며 비행 중 생겼던 일을 두고두고 곱씹으면 본인만 힘들다. 그럴 땐 '랜딩 비어'가 필요하다. 도하에서는 구경조차 못 하는 맥주 한 캔으로 무사 착륙을 자축하며 꿀꺽 잊어버리는 게 최고다.

치익, 딱!

맥주 캔 따는 소리가 근래 들은 소리 중 가장 짜릿하다. 매번 새롭다. 이번에도 착륙하자마자 옷만 갈아입고 쿠알라룸푸르 국제공항 내 슈퍼마켓으로 달려가, 말레이시아에서 제일 맛있다는 타이거 맥주를 냉큼 집었다. 맥주와 주전부리가 가득 든 비닐봉지를 들고 호텔로 돌아와서는 랜딩 비어를 마시며 전 비행의 '시어머니'를 지워버렸다.

잠들기 전, 호텔방 침대에 기대앉아 창밖 노을을 안주 삼아 마시는 맥주는 '행복의 맛'이다. 감회가 새로웠다. 나의 첫 면접이자 오픈데이 장소였던 쿠알라룸푸르를 승무원이 되어 다시 찾았다는 사실이.

'나… 내가 하고 싶었던 일을 하고 있잖아.'

물론 비행은 힘들지만 때때로 찾아오는 깨달음은 단단한 버팀목이 되어준다. 랜딩 비어와 함께 방금 전까지 있었던 일은 깨끗이 잊어버리고 다음 비행을 준비한다.

사라예보는 현재 30도입니다

어느 날 아침, 홀린 듯이 회사 사이트에 들어가 비행 스케줄을 확인했다. 도대체 왜 그랬을까? 스케줄이 변경됐다고 긴급 연락을 받은 것도 아닌데 왜 확인을 한 걸까? 왠지 모를 초조함에 다리까지 덜덜 떨어가며 스케줄 표를 클릭했고, 인간의 직감이 꽤 믿을 만하다는 사실을 증명해 냈다. 어제까지 빈칸이었던 곳에 변화가 생겼기 때문이다.

'SJJ'라는 변화. 고만고만한 크기의 달걀 사이에서 혼자 삐쭉 튀어나와 있는 오리알처럼, 예상치 못한 새 비행이 나를 반겼다. SJJ. 처음 보는 공항 코드여서 검색해 보니 사라예보(Sarajevo)란다. 그래, 1차 세계대전의 시발점이 된 오스트리아 황태자 부부 암살 사건이 벌어진 그곳, 현재 보스니아 헤르체고비나의 수도, 중학교 역사책에 한 줄 정도 나오던 바로 그곳 말이다.

승무원에게 비행은 참 까다로운 대상이다. 출발 예정 시간을 제외하고 규칙적인 게 없기 때문이다. 비행시간과 도착 시간, 턴어라운드인지 레이오버인지도 항상 달라진다. 예를 들어 편도 6시간 비행인 사라예보의 경우 겨울철에는 바로 돌아오는 턴어라운드지만 여름철엔 레이오버다. 편도 5시간 로마는 언제나 레이오버지만 아침에 출발하면 22시간, 저녁에 출발하면 17시간 머물다가 돌아온다. 물론 스케줄은 승무원이 선택할 수 있는 게 아니라 무작위로 주어진다.

그렇게 내 스케줄 표에 사라예보 턴어라운드 비행이 새롭게 생성되었다. 다이닝 재킷 하나와 기내용 슈즈만 넣어서 아주 가벼운 트롤리를 끌며 브리핑 룸에 들어서자, 12시간 이상을 함께할 크루들이 기다리고 있었다.

"그래서 누가 기내방송 할래?"

브리핑이 끝나갈 무렵 부사무장이 물었다. 카타르 항공에선 공식적으로 영어와 아랍어 기내방송이 나오는데, 둘 다 원어민이 하는 게 일반적이다. 예전에는 별도의 교육을 통해 등급을 매겼고 성적 우수자만 방송을 할 수 있었다고 한다. 그날 사라예보 비행에는 영어 기내방송 적임자가 없었다. 당연히 지원자는 없었고, 나 역시 부사무장의 시선을 피해 브리핑 내용이 적힌 종이를 내려다보며 괜히 미간을 찌푸렸다. 정수리가 따가워 슬쩍 고개를 들어보니 부사무장이 나를 바라보고 있었다.

"그래! 그럼 희래가 하면 되겠다."

"내가? 나 한국인이야. 아니, 난 한 번도 해본 적 없어. 게다가 기내방송 대본도 없는걸?"

다급해진 나는 모터라도 달린 듯 말을 쏟아냈다.

"괜찮아. 내 걸 줄 테니까, 걱정하지 말고 그냥 읽으면 돼."

"아니 나는 말이야, 그…."

"괜찮아! 내가 다 알려줄게."

그렇게 내 인생 처음이자 마지막이 될 영어 기내방송을 맡게 되었다. 부사무장은 두꺼운 A4 파일을 건네며 말했다.

"이거랑, 이거. 그리고 이거. 탑승 중, 이륙 직후, 비행 초반에 읽으면 돼. 기장 이름이랑, 내 이름 알지? 오늘은 아침 식사 서비스가 진행될 거고…."

당황스러운 척했지만 사실은 설렜다. 승무원을 준비하면서 기내방송 대본 한번 안 읽어봤다면 거짓말이다. CNN 앵커라도 된 양 발음을 굴려가며 인터폰 대신 휴대폰을 붙잡고 연습까지 했었다. 기내방송 한번 못 해보고 그만두나 싶었는데 기회가 찾아온 것이다.

한 차례 비행에서 승무원의 기내방송은 평균 5회 정도 된다. 탑승 중, 이륙 직후, 비행 초반(좌석 벨트 사인이 꺼지기 직전), 착륙 직전, 착륙 후. 이때 타이밍이 매우 중요한데 기장의 기내방송과 비행기의 이착륙 단계를 살펴야 한다. 나는 한 치의 실수도 용납하지 않겠다는 듯 대본을 뚫어져라 응시하며 기가 막히게 타이밍을 잡아 줄줄 읽어나갔다. 그런데 비즈니스 석에서 업무를 보던 부사무장에게 인터폰이 왔단다. 알고 보니 기내방송이 비즈니스 석에도 그대로 들어간 것. 이코노미 석과 비즈니스 석은 객실 서비스가 다르므로, 이륙 직후 기내방송의 내용도 달라야 한다.

부사무장은 다들 그런 실수 한 번쯤은 한다며 본인의 첫 실수를 공유했다.

"있잖아, 내가 처음 기내방송 했을 때 그 비행기에 서비스 담당 교육관이 타고 있었어. 물론 그 교육관은 개인적으로 여행 중이었고. 나는 기내방송을 마치고 나서야 한 단락이나 건너뛰었다는 사실을 알게 됐지 뭐야. 근데 나중에 그 교육관이 찾아와 웃으면서 말하더라. 기내방송이 한 단락 빠졌다고. 나는 경고라도 받는 줄 알고 비행 내내 부들부들 떨었었어."

부드럽게 이륙한 비행기가 상공 1만 피트 위로 올라 순항하기 시작했다. 갤리는 여느 때처럼 전쟁터를 방불케 했으며 기내식 카트가 준비되었다. 하나, 둘, 셋, 마지막 카트까지 내보내고 잠시 숨을 돌리며 창밖을 봤다. 하얀 구름이 떠 있었다. 다시 정신을 붙들고 차와 커피를 준비했다. 방금 전 갤리에서 굳은 얼굴로 카트를 만들던 동료들이 승객들 앞에서 활짝 웃으며 서비스를 했다.

"오늘의 메뉴는 ○○, ××, ○×입니다. 뭘 드시겠어요? 음료는 어떤 걸로 하실 건가요?"

인기 메뉴가 떨어졌는지 나에게 수신호를 보냈다. 급한 대로

체코, 프라하, 천진난만

크루밀(승무원 기내식)을 가지고 나갔다. 동료들은 다음 줄로 넘어와 다시 메뉴를 읊고, 추천하고, 음료를 따르고, 이미 떨어진 메뉴 대신 다른 걸 권했다. 1시간 만에 첫 번째 서비스가 끝났다. 식사를 마친 한 승객이 심심하다며 갤리로 와서 대화를 청했다.

"그래서… 사라예보에는 얼마나 있어요?"

문득 첫 옵서버 비행이 생각났다. 테살로니키 비행에서 호주에서 6개월, 테살로니키에서 6개월 산다는 할머니 승객분도 이렇게 물어봤었다. 승객들은 언제나 승무원들이 한 도시에서 얼마나 머무는지 궁금한 모양이다.

"아, 저희는 바로 떠나요."

"공항에 내리지도 않고 바로 떠난다고요?"

"네. 다음 비행 준비해서 다시 도하로 날아가요."

"어쩜, 사라예보가 얼마나 아름다운데 보지도 못하고 떠난다뇨. 황태자 부부 암살 현장과 가까운 라틴브리지, 시티센터의 오래된 시장, 전쟁기념관도 있고, 이슬람 사원도 있고…."

몹시 안타까워하던 승객의 표정이 사라예보의 온갖 아름다운 명소를 추천하며 이내 환해졌다.

마침내 비행기가 착륙했고, 마지막 기내방송만 남았다. 착륙 후 기내방송에는 도착한 도시명, 공항명, 현지 시각과 기온이 안내된다. 특히 현지 시각과 기온은 기장의 기내방송을 듣고 알아내야 하는데 그만 놓쳐버렸다(기장의 방송은 언제나 뭉개지듯 들린다. 변명이 아니라 정말 알아듣기 힘들다). 급한 대로 옆에 있던 크루에게 물어봤다.

"지금 기장이 몇 도라고 그랬어?"

"음… 30도?"

이어진 나의 기내방송.

"승객 여러분, 사라예보에 오신 걸 환영합니다… 그리고 사라예보의 현재 기온은 섭씨 30도입니다."

빈자리가 꽤 남아 비행 내내 유독 조용했던지라 나의 기내방송이 똑똑히 들린 모양이다. 기내방송이 끝나자마자 비즈니스 석 승객이 놀라서 물어봤단다.

"아니, 지금 30도예요?"

10월, 사라예보의 공식적인 평균 기온은 섭씨 17도다. 우리 멋대로 사라예보를 찜통으로 만들어버린 것이다. 부사무장까지 포함하여 크루들 모두 웃음을 터뜨렸다.

"너 지금 사라예보를 도하로 만들어버렸어! 하하하하."

플랫메이트가 떠났다

그런 날 있잖아. 평소 같으면 뜨거운 커피 한 잔으로 해결될 고민이 여전히 머물며 나를 괴롭힐 때. 어제 나의 마지막 플랫메이트 다니가 떠났다. 큰 공간에 정말이지 혼자 덜렁 남아버렸는데 그 어떤 것으로도 공허함을 채울 방법이 없다.

아르헨티나에서 온 다니는 이곳에서 일한 지 2년이 넘었다. 아르헨티나까지는 직항이 없기 때문에 언제나 브라질의 상파울루를 거쳐 환승해야만 겨우 집에 갈 수 있다. 무려 18시간 이상 걸리는, 카타르 항공 최장 비행이다. 다니의 어머니는 긴 비행시간에도 불구하고 어린 딸을 보러 종종 카타르까지 날아와 함께 숙소에 머물며 피자나 핫케이크 등을 요리해 주곤 했다. 내가 도하에 온 후로 세 번이나 함께 지냈다(우리 엄마보다 많이 봤다).

지난 1월, 내가 막 도하에 왔을 땐 안지와 다니까지 총 세 명이 머물던 아파트에서 안지가 먼저 나가고 쭉 두 명이 지내왔다. 사실 서로 오프가 겹치는 일이 한 달에 한 번 있을까 말까였고 집에 머물러도 잠들어 있는 경우가 다반사라, 문이 열리고 닫히는 소리 혹은 트롤리 끄는 소리로 서로가 여전히 건강하게 비행 중임을 확인하곤 했다.

내가 파리로 한 달간 휴가를 떠나기 3주 전, 다니는 갑자기 할 말이 있다며 잠깐 거실로 나와달라고 메시지를 날렸다. 느낌이 왔다.

"나 이제 그만두려고."

사실 많이 놀랍지도 않았다. 1년 혹은 2년 안에 그만두는 크루들이 많기 때문에, 다니도 이제 새로운 결정을 내릴 시기라고 생각하던 참이었다.

"언제가 마지막이야?"

"다음 주에 퇴직 신청할 거라서 아마 8월 말까지 비행할 것 같아."

내가 지원할 당시 카타르 항공 승무원의 최소 자격 조건은 '암리치 212cm, 고등학교를 졸업한 만 21세 이상의 성인'이었다. 다니는 나이가 충족되자마자 첫 면접을 치르고 학교를 졸업한 뒤 바로 도하에 왔고, 처음으로 가족들과 떨어져 지냈다고 한다. 나는 종종 메신저로 혹은 주변 지인들에게 질문을 받는다.

"왜 승무원 일을 오래 하기 힘든가요?"

저마다 다른 이유로 퇴사하겠지만 외항사 특히 중동 항공사의 경우 많은 이들이 외로움 때문에 일을 그만둔다. 정신적으로 힘들면 몸도 아프고 결국 건강까지 해친다. 20년 넘게 지내온 환경과 너무나 다른 곳에서 혼자 살아간다는 것은 쉽지 않으며, 낯선 문화와 생활환경에 적응하는 과정이 스트레스를 유발하기도 한다.

다행히 다니와 오프가 맞아 함께 저녁 외출에 나섰다. 한여름 도하에서 쇼핑몰을 제외하면 나갈 수 있는 곳은 몇 군데 안 된다. 그동안 드물게 시간이 맞을 때마다 집에서 배달 음식을 시켜 먹거나 차를 마시며 대화를 나누곤 했는데, 다니와 나는 닮은 점이 꽤 많았다. 둘 다 재즈를 좋아하고, 은근히 수줍음이 많아 혼자 있는 걸 즐긴다. 한번은 다니의 방문 너머로 발레 〈호두까기 인형〉 음악 소리가 들려와 나도 모르게 가까이 다가가 문을 두드린 적이 있다.

외로움을 해결하기 위한 다니만의 방법은 음악이었다. 어릴 때부터 피아노를 배워보고 싶었다던 다니는 도하에서 키보드까지 사들여 개인 레슨을 받기도 했다. 내가 피아노를 칠 수 있다는 사실을 알게 된 뒤로는 아예 거실 식탁 위에 키보드를 내놓고 "언제든지 심심하면 가지고 놀아"라며 공유까지 해줬다.

다니와 함께 외출하는 것은 처음이었다. 우리는 왜 이제야 같이 나가게 되었는지 모르겠다며 전통 시장 '수크(Souq)'로 향하는 우버 택시 안에서 수다 꽃을 피웠다. 그러고 보니 대형 쇼핑몰보다 자연 혹은 야외를 걸어다니길 좋아한다는 점도 닮았다.

수크는《천일야화》에 나오는 아라비아 시장 같은 곳이다. 만약 환승 때문에 어쩔 수 없이 도하에서 몇 시간 머물러야 한다면 꼭 가보라고 추천해 주고 싶다. 좁은 골목 사이사이 양탄자나 램프, 아랍 차, 전통 다기 등을 판매하고 각종 아랍 음식점이 즐비하다. 아무리 더워도 저녁이면 견딜 수 있을 정도로 열기가 사그라든다. 우리는 아르헨티나 음식점과 터키 음식점 사이에서 고민하다가 터키 음식점에 자리를 잡았다. 맛이 다 거기서 거기라 고민은 사치일 뿐, 그냥 조용한 곳을 택했다. 내가 물었다.

"울어본 적 있어? 왜, 크루 중에 화장실에 숨어서 우는 애들 종종 있잖아."

실제로 승객의 무례한 언행으로 인해 상처 받은 크루들은 화장실에 들어가 한동안 나오지 않는다.

"음… 일하다가는 없어. 근데 집에서는 꽤 많아. 힘들어서가 아니라 가족들이 너무 보고 싶어서. 처음 도하에 왔을 땐 밖에 나가기도 무섭고 혼자고 하니까 맨날 울었던 것 같아."

학교를 졸업하자마자 낯선 곳으로 와서 적응하느라 힘들었을 다니를 생각하니 마음이 아팠다. 다니는 웃으면서 말을 이어나갔다.

"나랑 친한 친구들도 종종 물어봐. '너 미친 거 아니지? 아직 괜찮지? 쿠쿠 된 거 아니지?'라고."

거의 매 비행마다 듣는 '쿠쿠'라는 말은 정신줄을 놓아버린 동료에게 정신 차리라고 던지는 따끔한 경고 겸 걱정이다.

도하, 전통 시장,
천일야화

역시 회사 사람과 대화할 때 가장 흥미로운 주제는 회사 욕과 동료 욕이다. 힘들었던 비행 얘기를 쏟아내던 중 소름 돋을 정도로 일치하는 특정 국가 승객에 관한 의견에 별로 놀랍지도 않아 하며 웃음을 터뜨렸다. 정말 아름다웠던 비행 도시는 어디였는지, 아르헨티나에 돌아가서 무엇을 할 것인지 등 이야기가 끊이지 않았다.

다니는 카타르에 있었다는 사실을 기억하기 위해 자석, 램프 같은 기념품을 구매했고, 나에게도 지금 미리 사두라며 설득까지 했다.

"만약 자석 하나 없다면 아무도 네가 카타르에 있었다는 사실을 믿지 않을 거야. 심지어 너조차도 까먹을걸? 이건, 그러니까 일종의 증거야."

우리의 처음이자 마지막 외출이 있고 나서 나는 여름휴가를 보내기 위해 파리로 떠났고, 다니는 마지막 한 달을 비행으로 꽉 채운 뒤 본인의 나라로 돌아갔다. 다니는 메신저로 장문의 편지를 남기며 말미에 다음과 같이 덧붙였다.

"희래 너는 어때? 비행, 할 만한 거지?"

사실 나는 '승무원'이란 직업을 다음 목표로 나아가기 위한 발판 중 하나라고 생각했었다. 언제나 다음, 그다음 계획을 세워야 마음 놓이던 나였지만 이상하게도 수크에서 함께 저녁을 먹으며 다니가 건넨 조언은 꽤 설득력 있게 다가왔다.

"그냥 한 번쯤 아무 생각 없이 쉬는 건 어때? 계속 일하는 삶은 피곤하지 않겠어?"

매달 120시간 비행으로 체력적 한계에 다다른 데다 도하의 지루하고 외로운 삶에 도무지 적응이 안 되어 마음이 흔들리는 지금, 나의 마지막 플랫메이트마저 떠나버렸다.

만남과 이별이 익숙해진다는 것은 좋은 일일까. 새로운 승객, 매일 다른 크루, 비행이 끝나면 다시는 볼일 없을 얼굴들. 처음엔 어색하고 아쉬웠던 짧은 시간이 이젠 아주 당연하게 느껴진다. 잠깐 만났다 헤어질 인연에 집착하지도, 애정을 쏟지도 않게 되어버렸다. 그래도 다니와의 이별은 아쉽기만 하다.

"언젠가 내가 한국으로, 네가 아르헨티나로!"

꼭 만나자고 굳은 약속을 했으니 우리는 다시 만나겠지. 새벽마다 돌돌돌, 트롤리 바퀴 끄는 소리가 그리워질 것 같다.

언제나 혼자 사는 걸 바라왔지만 정작 큰 아파트에 혼자 남게 되자 너무 공허하다. 방문 너머로 들리는 음악 소리, 부엌에서 요리하는 소리, 바퀴 끄는 소리도 사라진 텅 빈 아파트엔 나와 식어 버린 커피뿐이다.

Chapter 2

먹고 비행하고 사랑하라

• 2장의 원고는 카타르 항공 승무원 시절에 쓴 글입니다.

공항의 의미

"사실 사랑은 어디에나 있다(Love actually is all around)."

영화 〈러브 액츄얼리〉는 이렇게 시작한다. 런던 히스로 국제공항에서 사랑하는 누군가를 애타게 기다리는 얼굴들. 이제 막 비행기에서 내려 사랑하는 이를 찾느라 상기된 표정으로 입국장을 여기저기 두리번거리는 사람. 보고 싶던 얼굴을 발견한 순간 눈동자를 반짝이며 그대로 달려가 안기는 사람. 누구 하나 행복하지 않은 이가 없다.

공항은 이런 곳이다. 설렘, 기대, 흥분으로 가득한, 어쩌면 세상에서 행복한 사람이 가장 많은 공간이 아닐까. 예전에는 여행지에 버금갈 정도로 공항을 좋아했다. 최고로 맛있는 음식은 그 맛이나 모양이 아니라 만들 때 나는 음식 냄새라는 얘기처럼, 나에게 최고의 여행은 목적지가 아닌 공항에서 결정되곤 했다.

공항에 들어서는 순간 온갖 복합적인 감정이 극대화되고, 비행기 티켓을 찾고 짐을 맡기며 뭔가 홀가분해지면서 진짜 떠난다는 느낌이 들었다. 이 감정은 탑승해서 이륙할 때까지 지속되는데 종종 비행기가 이대로 계속 날아갔으면 하는 마음이 들 정도였다. 누구나 한 번쯤은 경험해 봤을 것이다. 차를 타고 어딘가 향해 가는데 그 여정이 끝나지 않고 지속되기를 바라는 마음. 도착지가 은하수일지라도 말이다.

이제 나에게 공항은 집보다 더 안전하고 친근한 공간이다. 승무원이 되어 하루 두 번(혹은 그 이상), 한 달 평균 16회 이상 출입국장을 왔다 갔다 하면서 공항이란 공간이 갖는 의미에 대해 생각해 본다. 승무원은 승객들이 전부 내리고 나서 30분에서 1시간 정도 분실물 검사 등을 끝낸 후에야 짐을 챙겨 들고 출입국 심사대를 통과한다. 승무원의 체크인 수하물은 따로 나오기에 승객들보다 먼저 게이트를 나서는 경우도 더러 있다.

겉보기엔 무심하게 한 손은 트롤리, 다른 손으론 슈트케이스를 끌며(피곤에 절어) 파워 워킹을 하고 있지만 눈으로는 플래카드와 꽃다발을 스캔하며 지나간다. (첫 솔로 비행 때 부사무장은 눈 밑까지 내려온 다크서클을 자랑하며 이렇게 얘기했다. "자, 다들 피곤해도 유니폼 구겨진 거 정리하고, 립스틱도 다시 발라. 어깨 쫙 펴고 당당하게 걸어. 우리는 회사의 얼굴이야." 모두 발이 부서질 듯 아프지만 겉으로는 당당하게 걸어가는 듯 보일 것이다.) 비록 자동문 너머에서 목 빼고 나를 기다려주는 이는 없어도 사랑하는 가족, 연인, 친구가 나오길 기다리는 얼굴

설렘, 사랑은 여기에

들을 볼 때마다 가슴이 뭉클하다.

몇 해 전, 진지하게 사귀던 남자 친구가 서울을 떠나 대만에서 살게 되었다. 매번 나를 만나러 서울에 오던 그를 대신해 처음으로 타이베이까지 날아갔다. 입국장의 긴 대기 줄에 서서 짐을 기다리는 내내 심장이 어찌나 빨리 뛰던지. 긴장, 설렘, 그리움이 뒤섞여 남자 친구를 보고 싶은 건지 아닌지 헷갈릴 정도였다. 자동문이 열리자마자 나를 향해 손을 흔드는 그를 발견하고 눈물이 날 뻔했다. 터질 것 같던 감정은 사라지고 긴장이 풀렸다. 오로지 기쁨만 남았다.

승무원이 된 나에게 공항은 하루의 시작과 마무리다.

'출근이다. 또 시작이구나… 마침내 퇴근이구나. 이제 나도 이 구두와 유니폼을 벗어버리고 랜딩 비어를 즐기며 잠시나마 여행자의 기분을 맛볼 수 있겠다.'

유니폼 차림으로 게이트를 나서는 나에게 손 흔들어주는 이 하나 없지만, 공항에만 들어서면 설레고 행복하다. 나와 같은 비행기를 타고 날아온 승객들이 사랑하는 이와 재회하는 모습을 볼 때면 더욱 그렇다. 내게도 공항은 사랑으로 가득 찬 곳이다. 게다가 공항을 나가 아름다운 여러 도시를 탐험하는 행운도 얻었으니 이 공간의 의미는 매우 특별하다.

로마, 첫 솔로

이탈리아 로마

나의 롤 모델인 작가 엘리자베스 길버트는 이탈리아에서《먹고 기도하고 사랑하라》의 여정을 시작한다. 단순히 이탈리아어가 좋다는 이유로 아예 이사를 가버린 그녀. 이 책은 내 '인생 바이블'이다. 일상이 힘들 때마다 책을 뒤적여 좋아하는 부분을 읽고, 포기하고 싶을 때마다 그녀의 테드(TED) 강의를 듣는다.

엘리자베스 길버트가 로마에서 그랬듯, 나 역시 에펠탑이 보이는 파리에 살면서 매일 아침 갓 구운 크루아상과 에스프레소로 하루를 시작하는 행복한 상상에 젖곤 했다. 오전에는 창가에 걸터앉아 프랑스어로 된 문학책을 읽고, 오후에는 동네 빵집에서 산 달달한 에클레르와 보르도 지방 와이너리에서 가져온 레드 와인을 바구니에 담아 에펠탑 아래에서 피크닉을 즐기면 어떨까. 이처럼 완벽한 하루를 머릿속으로 그리며 다짐했다.

'언젠가는 나도 사랑하는 도시로 떠나리라.'

엘리자베스 길버트가 택한 삶의 방식이 좋았고, 그녀만의 언어로 풀어낸 책이 좋았다. 내 머릿속에 이탈리아는 '먹고 기도하고 사랑하는' 나라로 자리 잡았다.

4월 비행 스케줄을 확인하며 첫 솔로 비행이 로마라는 사실을 알게 된 날, 한동안 잊고 지낸《먹고 기도하고 사랑하라》가 뉴턴의 사과처럼 머리 위로 툭 떨어졌다. 처음 그 책을 읽었을 때 느낌이 생각나 설레기 시작했다. 내가 좋아하는 두 여성, 엘리자베스 길버트와 오드리 헵번이 사랑한 도시로 첫 비행을 떠나게 되다니. 마치 운명 같았다. 우습게도 벌써 타성에 젖어 무감각해지고 있는 나에게 "어디 있든 너의 믿음과 꿈을 잃지 말라"라고 일깨워주는 메시지가 아닐까 싶었다.

첫 레이오버가 로마라는 사실에 지나치게 흥분한 탓인지 전날 제대로 준비도 못 한 채 허둥지둥 출발했다. 솔직히 말하자면 정확히 뭘 싸야 하는지, 심지어 트롤리와 별도로 슈트케이스를 챙겨가야 하는지도 몰랐다.

셔틀버스에서 내려 하마드 국제공항 밖 화창한 날씨와 마주하자, 폐 안으로 상쾌한 공기가 밀려들면서 첫 솔로 비행에 대한 부담감은 증발해 버렸다. 드디어 봄이 찾아온 것 같아 행복했다. 물론 탑승과 동시에 업무가 폭풍처럼 몰아쳤지만. 책만 파다 온 어리바리한 신입은 이론대로 흘러가지 않는 실전 앞에서 오즈의 나라로 딸려가는 도로시 신세였다. 두 번의 식사 서비스에서 카트를 몇 번 끌고 나갔는지, 주류 카트 서류를 어떻게 작성하고 자물쇠를 채웠는지 전혀 기억이 나지 않는다. 착륙 직전 점프시트에 멍하니 앉아 있는데, 기내 창문 너머로 보이는 신록의 나무들이 정신 차리라고 신호를 보내왔다. 피곤함이고 뭐고, 오랜만에 푸르름을 접하자 다시금 에너지가 차올랐다.

'그래, 일단 콜로세움을 보고 스페인 광장에 가서 젤라토를 먹는 거야! 이왕이면 노천카페에서 마르게리타 피자에 레드 와인까지 곁들여야지. 오늘 아침엔 도하였는데 지금은 로마라니! 이 맛에 비행하는구나.'

하릴없이 걷기만 해도 좋았다. 따뜻한 햇살, 상쾌한 공기, 반짝이는 가로수까지. 정말이지 완벽한 날씨였다. 유니폼을 갈아입자마자 호텔 셔틀버스를 타고 로마 시내로 나왔다. 어디로 갈지, 무엇을 볼지 아무런 계획도 없었다. 사실 믿는 구석이 있기는 했다. 이번 비행에서 만난 한국인 크루 K와 마음이 잘 맞아 로마를 함께 돌아다니기로 한 것이다. 이미 1월에 로마 비행을 해본 K가 졸지에 가이드가 되어 이곳저곳을 안내해 주었다. 덕분에 헤매지 않았고, 모처럼 긴장을 풀고 이런저런 얘기를 나누면서 하루를 보냈다.

시작은 콜로세움이었다. 지도 속 화살표를 따라 걷고 있는데 한 무리의 관광객이 줄지어 늘어선 모습이 보였다. '진실의 입'이었다.

콜로세움, 웅장

"거짓말을 하면 손을 물어버린대요."
—영화 〈로마의 휴일〉 중에서

오드리 헵번과 그레고리 펙이 '썸'을 타던 그곳에서 사진을 찍고자 전 세계 로맨티스트들이 찾아온 것이다. 물론 나도 그중 한 명이었다. '나의 그레고리 펙은 어디에 있나요?'

로마는 도시 전체가 문화유산이다. 걷는 내내 어린 시절에 만화로 읽은《그리스 로마 신화》에 나올 법한 건축물과 마주친다. 아니, 혹시나 만화가 나를 따라다니는 건 아닌지 착각에 빠지고 만다. 오죽하면 로마의 낡아빠진 지하철 개보수 공사를 포기한 이유가 땅을 팔 때마다 유적이 나와서란다. 30분 정도 걸었을까, 저 멀리 보이는 원형 경기장의 웅장한 모습에 심장이 쿵쾅거리기 시작했다.

압도적인 기운을 자랑하며 굳건히 서 있는 콜로세움을 보고 있자니 '도대체 2천 년 전에 어떻게 이런 경기장을 지을 수 있었을까' 하는 경외감이 들었다. 5만 명의 관중이 가득 차면 내가 서 있는 이곳에서 어떤 기분이 들까. 눈을 감으니 함성이 들려오는 듯해서 온몸에 소름이 끼쳤다. 사실 콜로세움은 야만적이고 비인간적인 정치 게임의 상징이기도 하다. 노예 검투사와 인간의 잔인함을 이용해 사람들의 관심을 돌리고자 만들었다는 면에서, 오늘날 스포츠 쇼비니즘과 비슷한 논란을 불러일으키기도 한다. 그래도 건축물 자체가 주는 아름다움에는 의심의 여지가 없다.

바닥에 철퍼덕 주저앉아 한동안 멍하니 있다 보니 해 질 무렵이 되었다. 저녁 6시 30분, 콜로세움 한쪽 면이 강렬하면서도 부드러운 햇살로 가득 찼다. 해가 저물며 점점 그늘이 드리워지고 경기장 한가득 고즈넉한 기운이 감돌았다. 왠지 모를 서글픔이 몰려오며 울적해졌다. 내 옆에 그레고리 펙이 있었다면 다른 감정을 느꼈을까. 콜로세움을 떠나면서도 뭔가 두고 가는 것처럼 미련이 남았지만 '조만간 다시 찾아오리라' 하고 스스로를 다독였다.

내 인생 바이블 《먹고 기도하고 사랑하라》를 철저히 따르기 위해 콜로세움을 나오자마자 피자 가게로 향했다. 소문난 맛집이든 관광지의 흔한 가게든 상관없었다. 무작정 골목 안 피자 가게로 가서 앉은 다음 피자만 두 판을 시켰다. 마르게리타 피자와 포르치니 피자에 레드 와인 한 잔을 곁들인, 완벽한 한 끼였다. 건배사도 했다.

"성공적인 첫 솔로를 축하하며!"

피자 가게에서 나온 K와 나는 스페인 광장으로 향했다. 유명한 디저트 카페 폼피(Pompi)에 들러 각자 오리지널 티라미수를 한 상자씩 구입했다. 오드리 헵번처럼 스페인 광장 계단에 앉아 먹고 싶었지만, 계단에 앉아 음식물을 섭취하는 것이 금지되었단다. 어쩔 수 없이 〈로마의 휴일〉 흉내만 내다가 트레비 분수 쪽으로 걸어가며 티라미수를 음미했다. 달달하면서 부드러운 티라미수를 숟가락으로 떠먹으며 느긋하게 산책을 즐겼다. 울퉁불퉁한 돌바닥을 그토록 오랫동안 걸어본 것은 처음이다. 신발을 뚫고 전해지는 단단한 감촉이 묘했다.

어둠이 내리자 길거리에 드문드문 노천 레스토랑이 등장했다. 노란 조명과 따뜻한 토치램프 아래 한가로이 저녁 식사를 즐기는 사람들의 모습이 참 보기 좋았다. 티라미수의 부드러움이 채 사라지기 전에 트레비 분수에 당도했다. 생각보다 크고 웅장한 실

노천 레스토랑, 따뜻한 오후

물에 깜짝 놀랐다. 까만 밤하늘 아래 하얗게 빛나는 분수대는 아름다웠다. K가 말했다.

"희래 씨, 트레비 분수에 왜 동전을 던지는지 알아요? 동전을 던진 사람은 이곳으로 다시 돌아온대요. 그러니까 얼른 동전 던져요."

분수대를 둘러싼 사람들을 헤치고 가까이 다가가, 조만간 다시

트레비 분수, 여행은 돌아오는 거야

찾아오겠다는 믿음을 담아 동전을 던졌다.

밤 9시, 늦은 시간이었지만 우리는 젤라토 없이 하루를 마무리 할 수 없다며 의기투합했다. 근처 젤라토 가게에 들렀다가 판테온까지 가기로 결정을 내렸다. 로마에 온 이상 판테온은 겉에서라도 반드시 보고 가야 한다는 K의 말에, 젤라토를 먹으며 판테온까지 또 걸었다. 발바닥의 아픔을 쫀득한 젤라토와 함께 삼켜 버렸다. 운동화를 신었어야 하는데 기분을 내고자 플랫 슈즈를 택한 내 잘못이었다. 쫄깃하고 상큼한 레몬라임 젤라토를 조금씩 아껴 먹으며 걷다 보니 판테온이 나타났다.

콜로세움과는 또 다른 느낌의 웅장함이었다. 신기함을 넘어 기이했다. 어떻게 도시 한복판에 저런 신전 같은 건축물이 있는지. 동네 사람들은 마치 내가 서울에서 눈앞의 경복궁을 스쳐 지나듯 무심하게 지나쳤다. 아마 서울에 여행 온 관광객도 이런 기분이 들겠지. 내게는 너무 익숙해서 신경도 안 쓰이는 아름다움이 그들에게는 경외감을 불러일으키는 대상일 테니까. 지금 내가 판테온 앞에서 몸을 떨고 있는 것처럼 말이야.

첫 비행은 어땠어요? 전공이 뭐였어요? 앞으로 계획이 어떻게 돼요? 남자 친구는 있어요? 몇 년 정도 일할 생각이에요?

셔틀버스를 타고 호텔로 돌아오는 길. K와 나는 장르를 넘나드는 대화를 나눴다. 첫 솔로 비행을 K와 함께한 것은 행운이었다. 호텔에 도착해서도 설렘이 사라지지 않아 〈로마의 휴일〉 주제음악을 틀어놓고 한참 앉아 있다가 잠이 들었다. 다음 날 아침, 호텔 조식 뷔페에서 진한 커피를 연거푸 세 잔이나 마신 뒤 다시 6시간 비행길에 올랐다.

첫 솔로 비행을 이렇게 마무리했다. 걷고, 먹고, 또 걸으면서 먹었던 첫 로마 나들이로 오래오래 기억될 것이다. 드디어 먹고, 비행하고, 사랑하는 나의 여정이 시작되었다.

아주르와 아스마르를 만나다

튀니지 튀니스

나는 불어불문학과를 나왔다. 어디 가서 당당히 말하기는 창피한 수준인데도 "나 프랑스어 할 줄 안다"라고 꼬박꼬박 어필한다. 잘난 척이라기보다는 프랑스를 향한 나의 열정을 보여주기 위해서다. 3학년 때 무리하게(멍청하게) 전과까지 하면서 프랑스어에 입문했고 동시에 애증의 관계가 형성되었다. 좋아하는 만큼 다가가기 어려운 존재임을 뒤늦게 깨달았다.

전공 필수과목이 어려워 어떻게든 학점을 따보려고 '프랑스어권 문화의 이해'라는 선택과목을 수강했을 때가 그나마 행복했다. 그 수업을 담당한 교수님은 프랑스 문화예술의 전도사였다. 거의 매 수업 작정한 듯 프랑스어권 영화를 소개해 주셨고 덕분에 내 영화 취향의 폭이 넓어졌다. 그중 미셸 오슬로 감독의 애니메이션 〈아주르와 아스마르〉가 가장 기억에 남는다.

미셸 오슬로 감독은 나에게 프랑스 애니메이션의 매력을 알게 해주었다. 내 나이 열 살 때 프랑스 그림자 애니메이션 〈프린스 앤 프린세스〉가 국내에서 개봉됐는데, 조 여사님(우리 엄마)이 어떻게 알았는지 전석 매진이던 극장표를 구해 오셨다. 내 인생 최초의 프랑스 영화였다. 2D 흑백 애니메이션은 어린 소녀의 마음을 뒤흔들어 놓았다. 이때부터 프랑스 언어와 문화에 매료된 게 틀림없다.

〈아주르와 아스마르〉도 〈프린스 앤 프린세스〉처럼 2D 애니메이션이다. 이국적인 배경과 화려한 색채가 돋보이는 세세한 묘사, 아랍 문화권이라는 생소한 소재를 활용한 이야기, 단순한 재미가 아니라 삶의 교훈이 담긴 내용. 영화 속 세계에는 반짝이듯 새하얀 건물과 대비되는 파란 창문이 즐비했다. 저런 곳이 실제로 존재하는 걸까 궁금해하며 영화를 보는 내내 설렜다.

4월의 네 번째 비행, 튀니지의 수도 튀니스가 걸렸다. 무려 5년 가까이 비싼 돈 지불하며 관련 학문을 연마했으면서 '도대체 여긴 뭐가 유명할까'라며 푸념을 늘어놓았다. (튀니지는 프랑스어권으로 과거 프랑스의 식민 지배를 받았다. 프랑스어가 공용어이며 수도 곳곳에서 프랑스 문화적 색채가 묻어난다.)

떨떠름한 기분으로 구글 검색창에 '튀니스'를 입력하자, 대학 시절 내가 그토록 좋아했던 〈아주르와 아스마르〉의 세계가 눈앞에 펼쳐졌다. 하얀 건물, 파란 창문, 쾌청한 날씨. 언뜻 보면 그리스의 산토리니와 닮았지만 분명히 다른 곳. 그게 바로 튀니스였다.

그냥 아프리카 대륙 한 번 밟아보는구나 싶던 마음에 불꽃놀이

시디부사이드, 파랗고 하얀

가 펼쳐졌다. 신이 나서 얇고 나풀거리는 여름 소재의 옷을 슈트케이스에 던져 넣고, 호텔 수영장도 가보자 싶어 수영복이랑 선글라스도 야무지게 챙겨 넣었다. 사실 튀니스의 4월 한낮 평균기온은 섭씨 17도다. 저녁에는 무려 9도까지 떨어지는, 이제 막 겨울이 끝난 시즌으로 수영장은 어림도 없다. 무식하면 용감하다고, 더울 거라는 지레짐작으로 얇은 옷만 잔뜩 챙겼다. 튀니스에 도착한 후 같이 비행한 크루에게 카디건을 빌려 입고서야 호텔 밖으로 나설 수 있었다. 낮 동안은 해가 쨍쨍해서 춥다고 못 느끼는데 해가 지면 다운점퍼가 절실해진다.

호텔에서 택시를 타고 시내 전통 시장 '수크'로 향했다. 적도에 가까울수록 구름이 낮게 뜨는 걸까. 손에 닿을 듯한 구름이 머리 위 파란 하늘 속에 동동 떠 있었다. 약간은 쌀쌀하지만 춥다고 웅크릴 정도는 아니었다. 조금 늦은 가을 날씨 정도?

10분 정도 달렸을까. 어딘지는 모르겠으나 전통 시장이 아닌 것만은 확실한 상점 앞에 멈춰 섰다.

"너희, 옷 사려고 그러지? 여기가 진짜 공인된 곳이야. 다른 곳은 다 메이드 인 타일랜드나 차이나라서 질이 안 좋아."

이게 말로만 듣던 택시 기사와 상점 간의 커미션 거래 현장인 건가. 변태 기질이 다분한 나는 말로만 듣던 상황을 접하자 신이 났다.

"우리는 옷을 사려는 게 아니라 이곳의 문화를 직접 느껴보고 싫어. 그래서 전통 시장 수크에 가려는 거야."

"거기는 완전 다운타운이야. 여기서 한 30분 걸리는걸. 그리고 여기가 질이 더 좋은데?"

"옷은 필요 없고 그냥 마켓에 가고 싶은 거야. 거기로 가자."

"그럼 시장에 갔다가 다시 여기로 오는 거까지 포함해서 100TDN(튀니지안 디날, 화폐 단위) 어때?"

나이 들면서 늘어나는 건 능청스러움이다. 자, 흥정을 시작해 볼까.

"내 친구가 튀니지 앤데 여기 택시 되게 싸다고 그랬어. 내가 검색해 봐도 10TDN이면 어디든 간다던데, 그러니까 60TDN으로 하루 대절하자." (뻥이다. 튀니지 친구는 그냥 같이 비행한 크루일 뿐이며 미리 검색하는 꼼꼼함 따위는 탑재하고 있지 않다.)

"그건 곤란하지! 시내에서 다시 시디부사이드란 동네까지 와서 너희 기다렸다가 호텔로 데려다주는 건데? 90!"

"아니 내 튀니지 친구가 말이야(어쩌고저쩌고). 우리 사실 환전도 안 했어, 그러니까 70!"

"90!"

"그럼 80! 할라스(Halas)."*

"그래 할라스! 80."

* 할라스는 "끝(done)!"이라는 뜻의 아랍어. 결정을 내릴 때, 아니 말끝마다 붙인다.

영어와 프랑스어를 섞어가며 어찌어찌 80TDN으로 낙찰! 분명 가격을 깎았음에도 속은 듯한 느낌이 들었지만 더 이상 지체할 수 없어서 바로 시내로 향했다.

신기할 정도로 잘 닦인 도로, 정확한 신호 체계와 바다 한가운데를 가르는 4차선 도로. 양옆으로 무역선이 대기 중인 곳. 정말 모든 게 신기했다. 아프리카를 잘 모르는 사람들은 아프리카 대륙에 있는 국가를 전부 아프리카로 통칭해서 부르곤 한다. 문화, 종교, 기후 다 무시해 버리고 비슷비슷하겠거니 자의적으로 생각해 버린다. 나는 아니라고, 다르다고 자부했는데 짐 챙긴 걸 보니 괜히 젠체했던 것 같다. 비행하면서 머무는 국가들에 대해 좀 더 자세히 알아봤어야 했다.

20분 정도 달려 시내로 들어갔다. 과거 프랑스령이었던 곳답게 유럽 느낌이 물씬 풍겼다. 거리 이름조차 샹젤리제였다. 로터리 한가운데 자리 잡은 빅벤과 때때로 지나가는 초록색 트램, 길거리의 꽃 파는 마차를 따라 조금만 걸어가면 나오는 바르셀로나 광장까지. 작은 유럽이 여기 있었다.

꽃 마차 뒤로 크고 작은 카페가 주욱 늘어서 있었고, 담배를 피우거나 커피를 마시는 사람들이 보였다. 유럽을 닮은 듯 또 다른 느낌의 자유로움과 느긋함이 풍기는 곳이었다. 아랍권이다 보니 도하처럼 길거리를 돌아다니기 힘들 줄 알았으나 활기가 넘쳐 어리둥절할 정도였다. 건물 높이가 낮아 더욱 정감 가고 아늑한 느낌이 들었다. 생각보다 다양한 인종에 놀라며 이곳저곳 기웃거리는데 주변에서 "니하오" 소리가 끊임없이 들려왔다.

심지어 어떤 외국인은 웃으면서 "칭챙총"이라고 인종차별적 언행을 하며 지나가더라. 나도 안다. 눈 작고, 코 낮고, 체구도 왜소한 거. 그 정도는 차라리 '못 배워 저런 말을 지껄이는구나' 하고 넘어갈 수 있는데 중국인이냐, 일본인이냐 물어보는 사람들에 둘러싸이니 기분이 나빠졌다. 그리하여 프랑스어로 "나 한국인이야!"를 외치며 상점 주인들과 안면을 트고 다니기 시작했다.

전통 시장은 생각보다 크지 않아 30분이면 둘러본다. 다만 미로처럼 연결되어 있어 돌아다니는 재미가 쏠쏠하다. 딱히 뭘 산다기보다 화려한 색깔과 특이한 모양의 장신구 등을 구경하러 가기 좋은 곳이다. 기념품 자석을 구매한 상점의 주인아저씨가 나에게 "결혼을 안 했으면 내 아들을 싼값에 데려가라" 하고 쿨하게 제안했다. 바로 옆 상점을 운영하는 이가 자기 아들이란다. 맞은편 역시 본인의 소유! '가족 경영인가 봐.'

"그래서 아저씨 아들을 얼마에 넘길 건데요?"

"안 비싸!"

나의 질문에 가족 경영의 수장은 웃음을 터뜨리며 연신 헐값에 데려가라고 외쳐댔다.

그곳의 느긋한 분위기에 취해 광장에 앉아 있어도, 카페에 가도, 혹은 계속 산책을 해도 좋을 것 같았다. 전통 시장에서 벗어나

시디부사이드, 아랍식 한 끼

샹젤리제 거리 초입의 작은 카페로 들어갔다. 라테를 마시고 싶어서 메뉴판에 쓰여 있는 '카페 크렘(Café Crème)'을 주문했다. 부드러운 크림이 두껍게 올라간 진한 커피였다. 2.40TDN. 1디날이 약 500원인 걸 감안하면 1,200원 정도로 굉장히 저렴하다. 코코아 파우더가 올라간 부드러운 크림층을 수저로 야금야금 떠먹다가 이내 커피와 함께 마셔봤다. 부드럽게 넘어가는 크림에 설탕이 들어갔을 리 없지만 달았다. 활기 넘치면서도 여유로운 튀니스는 뜻밖의 행운으로 찾아왔다. 길거리에 팔자 좋게 늘어져 있는 고양이처럼 한동안 멍하니 카페에서 햇살을 쪼이며 앉아 있다가 다시 길을 나섰다.

눈앞에 〈아주르와 아스마르〉가 나타났다.

법으로 정해져 있는 건지 건물은 하얀색, 창문과 문은 전부 파란색이었다. 멀리서 보면 산토리니를 연상케 하는 작은 마을인데 들어가면 들어갈수록 이곳만의 향기가 풍겨온다. 시디부사이드란 마을이었다. 영화 〈아주르와 아스마르〉 속에서 봤던 화려한 원색의 그림과 반짝거리는 장식, 그리고 신비로운 분위기를 조성하는 매콤한 향내까지, 모든 게 비현실적이었다. 관광객으로 가득 찬 중심가 오르막길에서 벗어나 골목으로 들어섰다. 세상과 차단된 듯 고요해졌다. 지저귀는 새소리를 제외하면 살랑이는 바람뿐이었다. 카메라를 들이대는 곳마다 '인생 스폿'이라 아마추어인 나조차도 마음에 드는 사진을 연신 찍을 수 있었다. 시디부사이드는 관광지인 동시에 마을 주민이 거주하는 곳이다. 서울의 북촌 한옥마을과 닮았다.

나에게 아랍 문화는 베일을 덮어쓰고 있는 신비로운 존재였다. 서양인들이 막연한 환상을 품은 채 동양 문화를 바라보듯이, 아랍 문화는 항상 절제되고 엄격한 규율을 지켜야 하며 지나치게 화려한 나머지 촌스럽다고 생각했다. 잘못된 생각이었다. 어느 정도 내 예상과 같고 또 달랐다. 이곳의 문화는 아름답다. 직접 경험하기 전에 섣불리 판단 내리는 것은 어리석다. 고정관념은 언제나 옳은 판단을 내리는 데 방해가 된다. 우물 안에 갇혀 있던 내가 비행을 통해 다양한 문화를 접하며 많을 것을 보고 배우기 시작했다.

석양이 내려앉은 튀니스의 하늘 속을 달려 호텔에 도착했다. 전 비행부터 쌓여 있던 피로가 그제야 밀려오기 시작했다. 로마에서도 이 정도로 아쉽지는 않았는데 튀니스에서 보낸 반나절은 너무나 짧았다. 꼭 또 오자.

요하네스버그 안전합니다

남아프리카공화국 요하네스버그

요하네스버그에 도착하고 이틀째. 느지막이 일어나 호텔 근처를 걷다가 아침을 먹으러 프루프카페(Proof Café)로 향했다.

눈을 뜨자마자 맛있는 라테가 생각나서 무작정 검색했는데 예상외로 '맛있다'고 소문난 카페가 너무 많아서 놀랐다. 게다가 전부 호텔에서 10분 거리! 카페 중독자로서, 낯선 곳에서 카페를 고를 때 나름의 선정 기준이 있다. 중심가에선 조금 떨어져 있으되 베이커리를 겸한 카페여야 한다. 빵과 커피가 맛있어야 하고, 반드시 좌석이 몇 안 되는 소규모일 것. 여기에 햇살이 왕창 들어오는 햇살 맛집이란 옵션까지 추가된다면 무조건 도전이다. 배경음악도 중요하지만 가보기 전엔 모르니까 일단 보류.

나도 안다. 매우 이상하고 까다로운 선정 기준이다. 호텔에서 거리를 가늠해 보고, 평점도 봤다가 커피랑 베이커리 메뉴도 봤다가 카페 인테리어 사진도 봤다가… 15분 정도 정보의 홍수 속에 머문 결과 프루프카페로 최종 결정 내리고 호텔을 나섰다.

요하네스버그는 튀니스와 맞먹을 정도로 날씨가 좋았다. 깨끗하고 파란 하늘과 가벼운 공기 그리고 쏘는 듯한 햇살. 호텔 뒤편으로 좌판대가 펼쳐지기 시작했다. 아프리카 색채가 짙게 물든 조각품, 알록달록한 천과 장신구는 파란 하늘을 배경으로 더욱 아름다워 보였다. 시원한 공기를 가르며 가볍게 발걸음을 옮기면서 레깅스에 러닝화를 신고 나오길 잘했다는 생각이 들었다. 아프리카에 위치한 나라는 다 날씨가 이런가? 이러다 아프리카 정복을 꿈꾸며 원하는 도시 비행(비딩)을 신청하게 생겼다.

프루프카페는 초고층 빌딩 1층에 자리 잡고 있다. 오전 10시밖에 안 됐는데 빵을 넣어두는 자그마한 유리 진열장이 텅 비어 있었다.

'제대로 찾아오긴 했나 보군.'

크루아상을 먹고 싶었지만 플레인 크루아상이 있던 자리에는 희미한 기름 자국만 남아 있었다. 진열장의 기름 자국을 뚫어져라 쳐다보는 내가 안타까웠는지 카페 직원이 뒤쪽을 가리키며 말했다.

"저기 샌드위치도 있어."

속이 꽉 채워진 큼직한 바게트 샌드위치가 줄지어 놓여 있었다. '뭘 시킬까'가 아니라 '몇 개를 시켜야 하나' 고민하다가 이내 바질 치킨 샌드위치와 밀크 타르트를 골랐다. 어려운 결단이었다.

지금은 이곳의 추천 메뉴인 밀크 타르트를 먹으면서 글을 쓰고 있다. 바삭. 타르트 한 입. 끄적. 한 글자. 할짝. 크림 한 입. 슥슥. 한 문장 더. 밀크 타르트의 겉은 바삭하고 속은 쫄깃했으며, 달달하면서 우유 향 가득한 필링이 들어 있었다. 너무 맛있어서 발을 동동 구르자 커피를 내리던 바리스타가 보고 웃는다. 팔뚝만 한 바게트 샌드위치를 시켜놓고 밀크 타르트를 또 시켜도 되나 고민했던 나를 칭찬 좀 해줘야겠다.

'참 잘했어. 이거 안 먹었으면 평생 후회했을 거야.'

빵을 계속 굽고 있는 건지, 아니면 내일 쓸 재료를 미리 준비하는 중인지 고소한 버터 냄새가 후각을 자극했다. 주변이 금융가라서 그런지, 출근 후 잠시 들른 회사원들이 드문드문 보인다. 다들 사원증을 목에 걸고 손에는 휴대폰과 지갑을 들고 있는 모습이 서울과 별반 다르지 않다. 느낌이 묘하다.

이곳에서도 회사원들이 하루를 시작하기 위해 카페를 찾는구나. 오늘이 화요일이니 이제 막 1주일의 초입, 재충전을 위해선 커피가 최고지! 나도 회사 다니던 시절, 잠깐 회사를 빠져나와 근처 카페에서 아메리카노 한 잔 사들고 2~3분 산책하던 시간이 하루 중 가장 숨통이 트였다. 프루프카페의 계산대 안쪽을 보니 도장 찍힌 쿠폰이 걸려 있었다. 이곳에도 쿠폰제가 있는 건가. 쿠폰을 보니 참 반가웠다. 한국에 있을 때 받아놓고 아직 열 개를 못 채운 카페 쿠폰이 지갑 속에 수두룩한데 말이야.

요하네스버그는 4년 전에 오고 처음이라는 사무장과 2년 전에 오고 두 번째라는 F1* 몇 명, 남아프리카공화국 국적의 크루 몇 명을 제외하면 대부분 처음인 취항지였다. 카타르 항공은 워낙 많은 도시에 취항해, 비딩을 하지 않는 이상 같은 도시를 다시 갈 일은 거의 없다.

어제 새벽 1시 55분에 도하를 출발, 8시간 23분 동안 날아서 요하네스버그에 도착했다. 출발 전에도 전혀 잠을 못 잔 터라 24시간 가까이 깨어 있는 상태였는데도 피곤하지 않았다. '사파리'라는 강렬한 목표 때문이었다. 기린을 바로 눈앞에서 보기 위해 비행 전날 미리 예약까지 해뒀다.

"요하네스버그, 세계에서 두 번째로 범죄율이 높은 범죄 도시"와 같은 신문기사 제목 때문에 지레 겁먹고 나 홀로 외출을 망설였던 게 우습기만 하다. 어제와 오늘, 너무 피곤하다며 방에 틀어박힌 크루들을 뒤로하고 꿋꿋하게 외출한 나 자신에게 박수를 보낸다. 요하네스버그는 굉장히 발달한 현대 도시다. 벤츠와 BMW 자동차가 길거리에 널려 있고 흔히 말하는 '핫'한 카페와 레스토랑이 즐비하다. 해가 떠 있는 대낮에는 돌아다니는 데 전혀 문제가 없다. 다만 불안정한 치안 때문에 작은 슈퍼마켓조차도 해만 떨어지면 문을 닫는다.

* F1은 비즈니스 담당 승무원, F2는 이코노미 담당 승무원. 카타르 항공의 객실 승무원 직급은 F2-F1-CS(부사무장)-CSD(사무장) 순.

라이언 앤 사파리 파크, 아기 사자의 일격

어제 오후에는 1시간 정도 달려 '라이언 앤 사파리 파크(Lion & Safari Park)'에 도착했다.

'말이 사파리지, 자연에 가까운 동물원인 셈이지 뭐.'

시니컬한 척하면서도 설레는 마음을 주체할 수 없었다. 사파리 투어 전 아기 사자와의 특별한 시간이 기다리고 있었다. 누워서 뒹굴던 생후 6개월 차 아기 사자 세 마리는 들어서는 사람들을 신경도 안 쓴다.

"얼른 가서 아기 사자의 등이랑 배를 쓰다듬어. 사진 찍어줄 게."

가이드가 나를 떠밀었다.

나는 원래 겁을 상실한 인간인지라 아기 사자 옆에 발랑 앉았다. 그러자 누워 있던 아기 사자 한 마리가 내 무릎 위로 올라탔다. 거 참, 6개월이라면서 발톱이 무척 날카롭구나. 나도 모르게 "아!" 하고 새된 비명을 지르자 아기 사자가 나를 쳐다봤다. 이내 내 옷소매를 물어뜯었다. 만만해 보였나. 이거 내가 아끼는 티셔츠였는데… 안녕. 주춤주춤 일어났더니 옆에 있던 또 다른 아기 사자가 갑자기 배를 내보였다. 가이드는 '인생 사진'을 찍어주겠다면서 자꾸만 아기 사자의 배를 만지란다. 어정쩡하게 배를 쓰

사파리 투어,
꿈과 모험을 찾아 떠나요

다듬으니 "그레이트 포토(Great photo)"라며 연신 셔터를 눌러댔다. 맛깔나게 사진을 찍어주는 가이드 덕분에 신이 나서 아기 사자한테 친한 척했다가 바지를 물어뜯긴 것을 끝으로 특별한 시간을 마무리했다.

본격적인 사파리 투어는 철창으로 둘러싸인 미니버스를 타고 1시간가량 진행된다. 기린 가족도 보고, 사자랑 얼룩말도 봤다. 몇 년 전 TV 프로그램 〈꽃보다 청춘 아프리카〉 편을 보고 아프리카 종단 여행을 꿈꿨는데, 어느 정도 소망을 이룬 셈이다. 동물을 이렇게 가까이서 본 게 얼마 만인지도 모르겠다. 아마 어렸을 때 이후로 처음일 거다.

요하네스버그에서 서울까지는 매우 멀다. 거리상으로 12,480km 떨어져 있으며, 시간상 7시간 차이 난다. 이제 겨우 여덟 번째 비행이지만 세계가 참 넓다는 것을 실감한다. 지금 프루프카페 안에서 내 자리 맞은편에 앉아 홍차를 마시는 아프리카계 여인은 나를 보기 전까지 아시아인을 본 적이 있었을까? 어제 사파리 가이드는 한국(South Korea)에서 왔다는 관광객을 보기 전까지 한국이란 나라를 알고나 있었을까? (여담이지만, 가이드는 'South Africa'와 똑같이 한국의 영문명에 'South'가 들어간다는 사실 때문에 나를 두 배로 반겨줬다.)

세계를 더 많이 돌아다니고 싶은 욕심이 생긴다. 모든 곳을 밟아보고, 모든 존재를 만나보고 싶다. 세상엔 아직 내가 보고 경험할 것이 넘쳐난다. 이런저런 생각을 하다 보니 어느새 점심시간이 된 모양이다. 사원증을 목에 건 요하네스버그의 회사원들이 프루프카페로 몰려들기 시작했다.

너 만나러 프랑크푸르트

독일 프랑크푸르트

승무원들은 매달 비딩, 즉 원하는 비행을 신청한다. 총 열 군데까지 가고 싶은 취항지를 골라 우선순위를 매겨 비행 일정에 넣어 달라고 요청하는 제도다. 도시만 선택해도 되고 특정 날짜, 특정 시간대를 선택할 수도 있다. 하지만 신청한 열 군데를 다 받는 일은 도하 길거리에서 노천카페를 만날 확률만큼이나 드물다. 그래도 비행을 시작한 지 얼마 안 되는 주니어들에게는 줄 수 있는 만큼 주는 편이다. 딱 3개월까지.

좀 길게 놀러 갈 수 있다면 모를까, 레이오버로 하루 머무는 것은 큰 욕심이 나지 않았다. 단지 많은 곳을 보고 싶었을 뿐 '여기가 아니면 절대 안 돼!' 하면서까지 가고 싶은 도시는 몇 군데 없었다. 그래서 동기들 모두 열 개를 꽉꽉 채워 리스트를 작성할 때, 나는 딱 한 군데, 프랑크푸르트에 올인했다.

나의 로망 파리도 아니고 도대체 왜 프랑크푸르트에 모든 포인트를 몰아 비딩했을까? 프랑크푸르트에는 소중한 인연이 살고 있다. 지금의 나를 가장 잘 이해해 주고 경험을 공유할 수 있는 유일한 친구 L이다.

첫 번째 직장에서 만나 친구가 된 우리는 하늘이 맺어준 인연이라 해도 지나치지 않다. 트레이닝 중 생소한 용어로 고통 받을 때도, 타지에서 혼자라 외로울 때도, 주니어라 겪는 말 못 할 고민까지 L에게 토로하곤 했다. 대화의 마지막은 항상 똑같았다.

"어서 빨리 얼굴 보고 이야기하고 싶다."

밤 비행이 좋다고 입에 달고 살았더니, 밤을 넘어서서 새벽 비행의 연속이다. 밤 비행이 아무리 좋아도 체력적으로 힘든 건 어쩔 수 없다. 거의 24시간 이상 깨어 있는 셈이다.

"한숨 푹 자고 일어나. 1시쯤 내가 호텔 로비로 갈게!"

프랑크푸르트의 호텔에 도착해 휴대폰을 확인하니 L이 보낸 메시지가 와 있었다. 밤을 새우고 아침 7시에 프랑크푸르트 공항에 내린 나를 위해 호텔까지 직접 픽업하러 온다니, 천사가 틀림없다. 피곤한 몸을 겨우 움직여 대충 샤워만 하고 침대로 직행했다. 사실 버티려면 버틸 수 있었으나 반나절로도 모자를 게 분명한 우리의 수다 타임을 위해 체력을 아껴야 했다.

프랑크푸르트는 내가 상상해 온 '유럽'의 모습을 갖춘 곳이다. 깨끗한 거리, 산책하기 딱 좋은 날씨, 거리 곳곳이 가로수와 꽃으로 가득하고, 어디를 가든 카페와 음식점이 즐비하다. 이 도시에서는 특유의 활기가 넘쳐난다.

프랑크푸르트 비행의 유일한 목적은 '보고 싶은 친구'와 보내는 반나절이었다. 같이 점심을 먹고 커피를 마시면서 서로의 이야기에 공감하고 조언해 주는, 그런 일상을 그렸다. 비행을 시작하고 초반에 잠깐 위기가 찾아왔을 때도 '4월 말에는 프랑크푸르트 가니까 버티자'라는 생각으로 참아냈다.

아주 잠깐 눈을 붙였다고 생각했는데 서늘한 기운에 깜짝 놀라 눈을 떴다. 휴대폰 시계가 오후 2시 4분을 가리키고 있었다. 그대로 얼어버렸다.

'2시? 아니 1시 약속인데 나는 왜 아직 여기 있는 거지? 설마 로비에서 기다리고 있나? 전화가 왔었나? 잠깐만, 나 뭐 입지?'

그때부터 미친 듯이 옷을 주워 입고 선크림만 대충 바르고 3분 만에 준비를 마쳤다. 인생 통틀어 세 손가락 안에 들 정도로 짧고 빠른 준비였다. 휴대폰을 확인해 보니 "5분 뒤에 도착한다"라는 메시지가 와 있었다. 알고 보니 내가 확인한 건 1시간 빠르게 흘러가는 카타르 휴대폰이었다. 정말 다행이었다. 서둘러 로비로 내려가니 찰랑이는 새까맣고 긴 생머리가 한눈에 들어왔다.

L과 만나는 순간 막혔던 속이 뻥 뚫리는 진귀한 경험을 했다. 마치 살기 위해 어쩔 수 없이 입으로 밀어 넣은 짜고 기름진 몇십 개의 캐서롤(도시락 모양의 기내식)이 몸속에서 증발하는 기분이었

다. 나를 이해해 줄 사람을 만났다는 사실에 너무 감격했던 걸까, 눈물이 핑 돌았다.

"자."

L은 만나자마자 종이봉투를 건넸다. 짜장맛 떡볶이, 김, 꽃게라면 등이 가득 들어 있었다. 이런 사려 깊은 여자 같으니라고. 한국에 못 가는 나를 배려해서 한국 음식을 싸온 것이다. 서로 할 얘기가 참 많았는데 너무 많은 게 문제였다. 4개월 만에 본 그리운 얼굴을 앞에 두고도 도대체 뭐부터 이야기해야 좋을지 몰라 허둥댔다. 그 와중에 뭘 먹으면 좋을지 진지하게 고민까지 했다. L이 물었다.

"독일에 왔으니까 독일 전통 음식을 먹어야 하나? 아니면 짜장면이랑 탕수육 먹을래? 아, 파스타도 있고!"

프랑크푸르트에는 없는 게 없구나. 고민은 엄청 해놓고 결국 중앙역 바로 앞 훠궈(중국식 샤브샤브) 식당으로 들어갔다.

'프랑크푸르트에서 매콤한 훠궈를 먹게 될 줄이야. 게다가 뷔페식이야.'

훠궈 식당인데 후식으로 슈크림과 아이스크림까지 있어서 신기했다. 정말 끊임없이 리필하고 끓여대면서, 끊임없이 이야기를 나눴다. 타지에서 생활은 어떤지, 함께 일하는 사람들은 어떤지, 레이오버는 어떤지, 기내 서비스는 어떻게 진행되는지, 어떤 기종을 운행하는지, 오프 때 뭐 하는지, 연애 생활은 어떻게 되고 있는지. 이야기할수록 주제가 증식하는 느낌이었다.

훠궈 냄비에는 각종 향신료 가득한 빨간 육수가 담겨 있었다. 그 육수에 양고기, 소고기, 돼지고기를 넣고 진하게 우려낸 다음 청경채, 느타리버섯, 목이버섯 등 채소를 추가해 살짝 익혀 고수를 섞은 땅콩 소스에 푹 찍어 먹었다. 오랜만에 매운 국물을 먹으니 살 것 같았다. 온몸에 땀이 나고 목이 칼칼해지는 게 감기를 앓고 난 뒤처럼 힘이 쫙 풀렸다.

프랑크푸르트 거리에는 평일인데도 플리마켓처럼 보이는 시장이 들어서 있었다. 과일과 채소 그리고 꽃을 파는 천막이 길을 따라 이어졌고 그 길 끝에서는 오크통을 테이블처럼 세워놓고 와인 시음회가 열렸다. 청명한 하늘 아래 각종 와인을 따라 여유롭게 시음하는 사람들을 보고 있자니 새삼 이곳에서 생활하는 L이 부러워졌다. 한 10분 정도 걸었을까, 갑자기 어디선가 시나몬 향이 풍겨왔다. 그렇게 많이 먹었는데도 시나몬 향에 반응하는 걸 보면 아직 들어갈 곳이 남아 있었나 보다.

'와 향이 대박인데, 어디 빵집이 있나?'

이렇게 속으로 생각하는데 L이 내 속을 꿰뚫어본 듯 말했다.

"우리 저기 가서 커피랑 시나몬롤 먹을래? 되게 유명한 곳이거든."

시나몬롤로 다시 한 번 대동단결한 우리는 혹시라도 시나몬 향

FRANKFURTER PAUSE
BUTTERNUT SUPPE
MIT KARTOFFEL
& COUSCOUS
7,30
MÖHREN-
KOKOSSUPPE
MIT LINSEN
& KRESSE
7,30

ZIMT
APFEL-
ZIMT

파우제 카페, 시나몬롤

이 날아갈까 서둘러 카페로 향했다. 그렇게 들어간 파우제(Pause)는 딱 시나몬롤과 커피만 파는 자그마한 카페였다. 길가에 파라솔과 의자를 펼쳐놓아 앉아서 먹고 갈 수도 있었다. 이런 데서는 무조건 '플레인'이다. 브라우니, 초코 시나몬, 애플 시나몬 앞에서 잠시 흔들렸지만 결국 플레인 시나몬롤과 아이스 아메리카노 두 잔을 주문했다. 보통 유럽에는 아이스 아메리카노가 없기 때문에 혹시나 하며 바리스타에게 얼음을 넣어줄 수 있냐고 물어보자 유쾌한 대답이 돌아왔다.

"당연하지!"

얼마 만에 맛보는 아이스 아메리카노인지 모르겠다. 카페 파우제의 시나몬롤은 쫄깃하고 부드러우며 향긋했다.

커피를 마시고 나서 잠시 걷다가 독일판 올리브영 매장인 DM으로 들어갔다. "독일 가면 DM에 꼭 들러 카밀 핸드크림을 사야 한다"라는 것밖에 모르는 바보를 위해 L은 직접 매장 직원이 되어 이것저것 아이템을 추천해 줬다.

"저게 좀 더 유명한데, 나는 이걸 써."

좋다는 제품을 전부 집어넣다 보니 무려 70유로가 나왔다. 우리는 생각보다 많이 나왔다고 깔깔대며 DM을 나섰다. 여러 제품을 돌려가며 매일 테스트하고 있는데, 왜 다들 DM을 털어와야 한다고 말하는지 알 것 같다. 그중에서도 가장 효과가 좋은 건 바로 헤어트리트먼트! 도하에 와서 푸석푸석해진 머릿결이 돌아오고 있다.

바로 다음 날 나는 도하로, 친구 L은 서울로 향하는 비행 일정이 잡혀 있어 저녁은 생략하고 다음을 기약했다. 실은 너무 배불러서 더 이상 먹을 수도 없었다. 무엇보다 이젠 언제라도 만날 수 있다는 사실 덕분에 아쉬움을 덜었다.

"너와의 반나절은 너무도 짧아. 서로 안비즐비* 할 수 있어서 얼마나 뿌듯하고 행복한지 몰라. 곧 다시 보겠지만 그때까지 건강해야 해!"

* 승무원들끼리 쓰는 인사로, '안전 비행 즐거운 비행'의 줄임말.

파리에선 걸어요

프랑스 파리

생일을 파리에서 보냈다. 이번 달에 파리 비행만 두 번, 그중 하루가 바로 내 생일이었다. 성격상 기념일을 챙기는 편이 아니라 매년 조용히 넘어가곤 했다. 그런데 생일 당일을 파리에서 보내게 되자, "생일이 별거냐"라며 시크한 척하던 내가 남몰래 설레기 시작했다. '언젠가 내가 살 곳이라고 생각했던 도시에서 생일을 맞이하다니, 이런 게 바로 데스티니지!'

웃기지만 나에게 파리는 멀게 느껴지는 자유와 평등의 도시, 낭만과 예술의 도시라기보다 '우리 동네' 같은 곳이다. 어린 시절 살아본 적이 있는 것도 아니고 여행을 해본 적도 없다. 다만 파리와 관련하여 오래전 세워놓은 10년 단위 중장기 계획이 있다. 새마을운동에 버금갈 만큼 원대한 꿈으로, 살아 숨 쉬는 계획이자 반드시 실현될 미래다.

파리에서 한 달 살기. 대학교 3학년 때 불어불문학과로 전과하면서 딱 정했다. 앞으로 10년 이내에 여행자가 아닌 '파리지앵'이 되자고. 교환학생이나 어학연수 혹은 짧은 일정의 관광이 아니라, 정말 평범한 일상을 보내는 파리 시민이 되고 싶었다.

메트로마저 로맨틱한 파리

아침 일찍 일어나 근처 발레 스튜디오에 가서 발레 수업을 받고, 단골 베이커리에 들러 크루아상과 커피로 늦은 아침을 해결한다. 에펠탑이 보이는 창가에 걸터앉아 글을 쓰거나 책을 읽다가, 해 질 무렵 자전거를 타고 강가를 누빈다. 저녁에는 근처 재즈 클럽에 가서 공연도 보고, 한가한 주말이면 와인과 치즈를 바리바리 싸들고 에펠탑 아래로 피크닉을 간다.

영화 시나리오라면 단 2분의 묘사로 끝나버릴 주인공의 평범한 하루 일과지만, 나에게는 한 달 내내 지속되었으면 하는 흥미진진한 일이다. "무슨 일이 있어도 이 계획을 10년 안에 이루겠노라" 하고 지인들에게 떠들고 다니던 참이라, 내 체면을 위해서라도 조만간 실현되어야 했다. 2018년 10월, 프랑스 워킹홀리데이를 심각하게 고민하던 중에 승무원이 되었고 2019년 5월, 설렘을 넘어서 나를 초조하게 만들던 '우리 동네' 파리로 떠났다. 그것도 두 번씩이나!

"커피 한 잔과 크루아상 한 개 부탁드립니다(Madame, je voudrais un café et un croissant s'il vous plait)."

출근 전 아침을 해결하기 위해 찾아온 무표정한 얼굴들 뒤에서 웬 동양계 여자가 잔뜩 상기된 표정으로 주문 내용을 중얼거리자, 옆에 서 있던 사람이 신기한 듯 쳐다봤다. 교과서로 배운 프랑스어를 되새김하던 중이었다. 계산대에서 주문을 하고 나니 기분이 묘했다. 낯선 장소에서 익숙하지 않은 글자를 보고 이해하는 것은 초코 필링으로 가득 찬 마카롱을 한 입 베어 문 듯 짜릿한 경험이다. 파리에 도착하기 전부터 첫 아침은 크루아상과 커피로 정해놨던 터라, 역 안에 들어서자마자 베이커리 카페인 브리오슈도레로 향했다.

따뜻한 빵은 진리다. 따뜻한 크루아상에는 쌀쌀한 아침 공기의 떨림과 낯선 언어의 생소함이 뒤섞여 있었고, 나는 생전 처음 크루아상을 먹어보는 아이처럼 한 겹씩 벗겨 천천히 씹어 먹었다.

아침 9시, 파리 시내로 향하는 지하철(메트로) 안은 관광객보다 현지인이 더 많았다. 첫 파리 탐방은 예술가의 거리 몽마르트 언덕

빵집 이름이 빵빵

에서 시작하기로 했다. 생각보다 쌀쌀한 날씨에 당황했지만 몽마르트 언덕 계단을 오르다 보니 몸이 후끈거렸다. 거리의 상점 대부분이 아직 문을 열기 전이라, 고요한 분위기 속에서 느긋하게 시간을 보냈다. 걷다 보니 은은하게 퍼지는 버터 향을 도저히 무시할 수 없었다. 결국 '빵빵(Pain Pain)'이라는 귀여운 이름의 '빵집'에 들

노트르담 대성당,
재건 중

어가, 또다시 크루아상과 초코 에클레르를 골랐다. 이번에는 라테까지 주문해서 테이크아웃을 했다. 버터 범벅인 크루아상 한 입 베어 물고, 따스한 라테 한 모금 마시며 천천히 몽마르트 언덕 잔디밭으로 향했다. 크루아상을 먹자마자 아기자기한 포장지를 찢어버리고 그 안의 에클레르마저 먹어치웠다. 파리에서는 아무리 빵을 먹어도 질리지 않았다. 빵 먹고 몽마르트 언덕에 오른 뒤, 또 빵 먹고 주변 둘러본 게 전부인데 어느새 점심시간이었다.

마레 지구로 넘어와 운하를 따라 걷다가 코너에 위치한 레스토랑으로 들어갔다. 운하를 바라보며 운치 있게 점심을 먹는데 장대비가 쏟아져 내렸다. 테라스 지붕을 타고 빗방울이 떨어져 얼굴에 튀기 시작했다. 5월의 파리 날씨는 예측불허다. 비가 오다가 개고, 다시 돌풍이 불다가 햇볕이 내리쬐기도 한다. 갑작스러운 비를 피해 테라스 안쪽으로 뛰어 들어오는 사람들이 싱싱한 비 냄새를 내뿜었다.

'쏴아쏴아 쏟아지는 빗소리를 들으면서 밥 먹는 것도 운치 있네.'

잠시 후 언제 비가 왔냐는 듯이 해가 쨍하고 나타났다. 정말이지 예측할 수 없는 날씨다. 비가 갠 오후, 하늘이 더 청명해졌다. 맑은 하늘에 햇볕이 내리쬐자 공기 중의 수분이 금방 증발해 버렸다.

파리에 오면 꼭 센강 주변을 걷고 싶었다. 강변을 걸으면서 영화 〈미드나잇 인 파리〉를 떠올렸다. 파리를 사랑하는 주인공 길이 파리에서라면 소설을 금세 완성할 수 있을 거라고 말하는데, 그 느낌을 어렴풋이 알 것 같았다.

'길처럼 파리에 살며 글을 쓸 수 있다면 얼마나 좋을까? 나라면 어떤 글을 쓸까?'

꽃 시장을 지나 노트르담 대성당으로 향하면서 계속 어떤 글을 쓸지 생각했다. 그리고 노트르담 대성당에 도착했다. 주변에 경찰차는 물론 방송 차량이 즐비했고, 가까이 다가가지 못하도록 폴리스 라인이 쳐 있었다. 노트르담 대성당 화재를 뉴스로 접한 나도 충격이 컸는데, 첨탑이 무너지는 광경을 실시간으로 지켜본 파리 시민들의 마음은 어떠했을까. 여전히 많은 사람들이 가까이

서 성당을 보기 위해 찾아오고 있었다. 짓는 데만 거의 200년 걸린 노트르담 대성당은 700년 가까이 수많은 예술가들에게 영감의 원천이었다. 파리의 상징이자 자랑이었던 곳이 화재로 일순간에 사라져버렸다는 사실이 허망하다. "5년 안에 재건해 내겠다"라는 마크롱 대통령의 호언장담이 반드시 실현되길 바란다.

하루 종일 파리 시내를 걷고 나서 밤 비행을 하게 되었다. 당연히 피곤했다. 아직 파리의 많은 곳을 보지 못했지만 아쉬움은 없었다. 어차피 또 올 거니까. 서비스를 끝내고 갤리에서 쉬고 있는데 갑자기 동료들이 우르르 몰려왔다.

"생일 축하합니다~ 생일 축하합니다~."

동료들은 자고 있는 뒷좌석 승객들이 깰까 봐 조용조용 노래 부르며 우스꽝스러운 리액션을 해댔다. 나도 더 이상 덤덤한 척할 수 없었다. 동료들을 보며 덩달아 웃음이 나왔다.

피눈물(?)을 흘리는 귀여운 라바 케이크와, 한 자 한 자 초코 시럽으로 눌러쓴 'Happy B'Day'는 먹기 아까울 정도였다. 나 몰래 언제 쓴 건지 기장의 메시지까지 포함된 카드, 그리고 돈을 모아 기내 면세 카트에서 산 선물을 보자 코끝이 찡했다.

'기내에서 맞는 생일 파티도 나쁘지 않구나.'

나이를 먹어서 피눈물 흘리는 거냐고 장난스럽게 물어보니, 그림을 그린 동료가 라즈베리 시럽으로 루비 보석을 형상화한 거라고 정정해 줬다.

"더 먹을래? 비즈니스 갤리에 아직 많이 남아 있어."

라바 케이크를 깔끔하게 먹어치우자 사무장과 동료들이 더 갖다 주겠다며 부추겼다. 이처럼 뜻밖의 즐거운 일이 벌어질 때면 잔뜩 구름 꼈던 마음이 화창하게 개곤 한다. 더 이상 피곤하지 않았다. 파리 그리고 생일. 가장 이상적인 조합이다. 다음 파리까지 딱 1주일 남았다.

에펠탑이다!

치아키 선배가 사랑한 빈

오스트리아 빈

만화를 원작으로 한 일본 드라마 〈노다메 칸타빌레〉의 남자 주인공 '치아키 선배'는 어린 시절 경험한 비행기 터뷸런스 때문에 트라우마가 생겼다. 그래서 아무리 실력이 출중해도 해외 유학을 떠나지 못하고 매일같이 신세 한탄을 한다.

"비에라 선생님이 계시는 빈(Wien)에 가고 싶어. 빈에 갈 수 없다면 차라리 음악을 때려치워야 할까?"

자타 공인 음악 천재 치아키 선배가 음악을 때려치우는 사태는 벌어지지 않는다. 운 좋게도 인생의 반쪽인 '마스코트 걸' 노다메를 만나, 비행기 공포증을 극복하고 음악적·인간적으로도 성장하여 함께 유학을 떠나기 때문이다. 도대체 빈에 뭐가 있길래 치아키 선배는 빈, 빈, 빈, 음악의 도시 빈, 노래를 불렀을까?

오스트리아의 수도 빈은 과거 유럽의 중심이었다. 수 세기에 걸쳐 영향력을 미친 합스부르크 왕가는 프랑스를 제외한 대부분의 유럽을 지배했다. 곰곰이 생각해 보면 정치, 역사, 음악 등 장르 불문하고 전 영역에서 초등학생 때부터 대학생 때까지 오스트리아가 거론되지 않은 적이 없었다. 음악 시간에는 언제나 모차르트가 함께했고, 정치와 역사 시간에는 언제나 합스부르크 왕조가 등장했다.

하도 많이 들어봤기 때문일까. 빈은 특별한 느낌 없이 유럽의 아름다운 도시 가운데 하나로만 여겨졌다. '언젠가 잘츠부르크 페스티벌에 참가해, 모차르트로 먹고사는 도시에서 아침부터 저녁까지 모차르트를 보고 듣고 느끼면 기분이 어떨까' 상상해 본 정도가 다였다. 그러다가 '반드시 가야겠다'로 바뀐 이유는 화가 클림트 때문이다.

누구에게나 선망의 대상이 있게 마련이다. '칼단발'을 한 여중생의 마음을 송두리째 흔들어버린 여인이 있었으니 바로 클림트의 그림 〈유디트〉 속 주인공이다.

'와, 저런 모습이 진짜 매혹적인 거구나.'

어린 내 눈에도 그림 속 여인은 아름답고 도발적으로 보였다. 클림트가 그린 유디트는 마녀와도 같았다. 나쁜 언니인 거 아는데도 거부할 수 없는 마력이 있는 여자. 몽롱한 눈빛, 살짝 내리깐 눈꺼풀, 도도하게 치켜든 각진 턱 그리고 이어지는 하얗고 긴 목. 한순간에 반해버렸다. 유디트를 저렇게 표현해 낸 클림트는 어떤 예술가일지 궁금증이 일어 찾아보았다.

벨베데레 궁전

〈키스〉, 〈아델레 블로흐 바우어의 초상〉에서 뿜어져 나오는 황금빛 색채는 클림트가 부리는 마법 같았다. 화면을 뚫고 나오는 찬란한 빛에서 그림 속 여인을 향한 클림트의 애정이 느껴졌다. 만약 실제로 그 그림을 보면 어떤 느낌이 들지 상상하곤 했다. 그렇게 클림트를 좋아하면서 클림트 미술관을 찾아볼 생각조차 안 했다는 게 신기할 지경이다. 드라마 〈노다메 칸타빌레〉를 보며 도대체 빈엔 무엇이 있을까 재미로 검색하던 중 벨베데레 궁전

내 미술관에 클림트의 〈키스〉와 〈유디트〉가 있다는 사실을 알게 되었다. 자동적으로 오스트리아 빈은 '머스트 비짓 톱 3'로 올라섰다.

비행 다음 날 아침, 호텔방에서 눈을 뜨자마자 클림트 생각에 설레기 시작했다. 파리에서 느낀 설렘과는 또 달랐다. 파리가 잊지 못할 첫사랑과의 추억을 돌아보는 여행 같다면 빈은 정말 순수한 동경이랄까.

사실 클림트의 그림을 실제로 보고 아무런 느낌이 없으면 어떡하나 하는 걱정도 들었다. 품고 있던 환상이 다 사라져버리지는 않을까 조마조마했다. 몇 해 전 서울에서 열린 '반 고흐전'에 갔는데 〈별이 빛나는 밤〉을 보고 실망했던 경험이 있다. 영롱한 빛깔을 자랑할 줄 알았던 대작이 A4 용지 크기라니…. 더군다나 그림 앞에서 바글거리는 인파를 피해 겨우겨우 '저게 반 고흐 작품이구나'를 인지했을 뿐이다. 물론 그림의 크기가 가치를 결정하는 건 아니지만 가뜩이나 작은 그림을 먼발치에서 볼 수밖에 없어 씁쓸했다.

오후에는 분명히 미술관에 사람이 많을 테니 오픈 시간에 맞춰 일찍 가야 했다. 파리에서 덜덜 떨며 돌아다녔던 일을 교훈 삼아 단단히 챙겨 입었다. 겨울 부츠에 겨울 코트까지 장착하고 나섰는데도 바람이 불어 쌀쌀한 게, 딱 변덕스러운 유럽 날씨였다.

벨베데레 궁전까지 가려면 호텔 앞에서 지하철(우반)을 타고 카를 광장 지하철역에 내려 트램으로 갈아타야 했다. 도시 곳곳을 누비는 트램은 여행의 운치를 더한다. 과거로 돌아간 느낌이었다. 아침 9시 30분, 카르티에 벨베데레역에서 트램을 내리자마자 바람에 나부끼는 빨간 깃발이 시선을 사로잡았다. 설레는 마음으로 벨베데레 궁전으로 들어섰다. 긴 겨울 방학을 끝내고 새 학기 첫날 새로운 교실로 향하기 직전, 교문에 들어섰을 때 기분이 들었다. 거대한 철문을 넘어서자마자 반짝이는 호수와 웅장한 궁전이 펼쳐졌다. 아름다움에 넋을 놓고 바라보는데, 옆으로 조깅하는 사람들이 지나갔다.

'그들에겐 이 궁전이 그냥 집 옆에 있는 건물 중 하나겠지? 좋겠다. 우리나라도 경복궁으로 조깅하러 갈 수 있나?'

일부러 클림트를 피해 다른 작품들을 먼저 돌아봤다. 궁전 자체가 워낙 아름다워 계단 옆 의자에 앉아 창문 너머 정원을 바라봐도 좋았고, 섬세하게 조각된 난간이나 천장 장식만 봐도 놀라웠다. 더 이상 미적지근하게 뜸 들일 수 없었다. 클림트의 〈유디트〉가 있는 전시실로 돌진했다. 그랬는데… 휑하니 빈 벽에 붙은 안내문이 나를 반기는 게 아닌가. 슬프게도 '그녀'는 거기에 없었다. 일본의 도쿄메트로폴리탄 미술관에 가 있단다. 발밑으로 꺼져버린 마음을 추슬러 클림트의 풍경 작품들을 돌아보다가, 사람들이 유독 몰려 있는 옆 전시실로 향했다.

클림트의 〈키스〉가 거기 있었다. 어두운 조명 아래 찬란하게 빛나던 〈키스〉. 눈부신 황금빛을 내뿜으며 마치 한 몸처럼 붙어 있는 남녀. 살포시 감은 눈과 남자의 목을 감은 여자의 팔에서 느껴지는 진한 애정과 설렘. 여자의 발목을 휘감은 꽃줄기마저도 에로틱했다. 나는 운 좋게 전시실의 한가운데를 차지했다. "맘마미아!"를 외치며 사진 찍기 바쁜 이탈리아 고등학생 무리와 한국인 단체 관광객이 셀카를 찍고 떠나갈 때까지 못 박힌 듯 서 있었다. 환상이 깨질까 봐 걱정했던 마음이 무색하도록 그림은 아름다웠다. 예상을 뛰어넘은 감동에 미련 없이 자리를 떠났다. 사실 다리만 덜 저렸으면 더 있었을 텐데 발바닥부터 밀려오는 아픔을 무시하지 못했다.

빈의 '3대 카페' 중 한 곳이라는 데멜(Demel)에 앉아, 초콜릿 케이크의 왕 자허토르테를 야금야금 파먹으며 다음엔 어디를 갈까 잠시 고민하는 척했다. 진짜 주제는 핫초콜릿을 시킬 것인가 말 것인가에 대한 고찰이었다. 이미 초콜릿 케이크를 시켰으니 핫초콜릿은 안 시키려고 했는데 워낙 유명하다고 하니 맛은 봐야 했다. 휘핑크림도 왕창 올려달라고 신나게 주문을 넣다가 불현듯 언젠가 여행 잡지에서 본 기사가 생각났다.

'세계에서 가장 아름다운 도서관 10'을 소개하는 내용이었는데, 그중 하나가 빈이었는지는 확실치 않았다. 그래도 여기에 하

데멜 카페, 자허토르테와 핫초콜릿

스테이트홀

나 있겠지 싶어서 검색해 봤다. 역시나. 바로크 시대에 지어진 국립도서관의 스테이트홀(State Hall)이 있단다. 핫초콜릿에 얹힌 휘핑크림을 수저로 저으며 위치를 찾아보니 마침 바로 근처였다. 그래서 공공 자전거를 빌리기로 했다.

서울에 '따릉이'가 있다면 빈에는 '시티바이크'가 있다. 도처에 즐비해서 쉽게 대여하고 반납할 수 있다. 해당 사이트에서 사전 가입만 하면 누구나 빌릴 수 있으므로 미리 가입해서 빈 시내를 자전거로 돌아다니는 것도 좋은 방법이다. 자전거를 타니 얼굴을 때리는 차가운 바람에 살짝 눈물이 났지만 오랜만이라 신이 난 나머지, 국립도서관을 지나쳐 20분 거리인 오페라하우스까지 찍고 다시 돌아왔다. 스테이트홀은 도서관이라기보다는 파피루스 박물관에 가깝다. 책을 직접 펼쳐보거나 대여할 수 있는 열람실이 아니라 과거 문화유산을 모아놓은 곳이다.

200년도 더 전에 지어진 곳에서 그보다 더 오래된 책을 보고 있자니 느낌이 묘했다. 혹시 소설《장미의 이름》처럼 저기 꽂혀 있는 책을 침 묻혀서 넘기다가 독에 중독돼 사망하는 건 아닐까 등, 혼자 별 상상을 다하면서 천천히 도서관 내부를 둘러보았다.

'저 파피루스 종이에는 뭐라고 쓰여 있는 걸까? 도대체 어떻게 보존을 한 거지?'

딱히 한군데 오래 머물지 않아도 빈 시내 곳곳의 아름다운 건축물을 보는 것 자체가 참 좋았다. 광장을 둘러싼 건물은 어느 도시에서나 눈에 띄는 흔한 브랜드의 상점일 뿐인데 저렇게 아름다울 필요가 있을까 의문이 들 정도였다. 빈을 돌아보니 치아키 선배가 왜 이곳을 사랑했는지 이유를 알 것 같았다.

'치아키 선배, 이제 나도 이곳을 사랑하게 되었어요.'

헬싱키의 햇살은 시나몬 향이 나요

핀란드 헬싱키

6월의 헬싱키 햇살은 향기롭다. 전날의 피로가 저절로 중화되는 기분이다. 유독 일광욕을 사랑하는 유럽인들은 태양이 높게 뜨는 5~6월 오후 2시가 되면 남녀노소 할 것 없이 바깥으로 나와 화창한 날씨를 즐긴다. 공원과 길거리 벤치에는 눈을 감고 광합성 하는 사람들이 가득하다.

'아니 저렇게 무방비하게 있으면 까맣게 탈 텐데….'

예전의 나였더라면 태양을 피해 카페로 들어가거나 선크림을 듬뿍 바르고 양산으로 무장한 채 돌아다녔을 것이다. 그러나 이제는 나도 일광욕 무리 중 하나가 되어 무방비로 햇살을 즐기곤 한다. 1년 중 단 한 번밖에 없는 이 시기, 이곳의 향기로운 햇살을 그냥 날려버리기엔 너무 아깝지 않은가.

요즘은 호텔 조식보다 주로 근처에 있는 동네 카페를 찾아가 라테나 카푸치노 한 잔과 그 도시의 시그니처 빵을 먹는다. 레이오버의 작은 재미 중 하나다. 헬싱키는 시나몬롤이 유명하다. 일본 영화 〈카모메 식당〉에서 주인공 사치에가 시나몬롤을 만드는 장면은 하도 많이 봐서 눈을 감아도 선명할 정도다. 북유럽의 휘게 라이프와 일본 영화 특유의 잔잔한 감성에 반해, 심신이 지칠 때마다 〈카모메 식당〉을 다시 보곤 했다. 그 덕분에 헬싱키는 나에게 시나몬롤과 갈매기의 도시로 각인되었다.

어릴 때부터 시나몬 향이 참 좋았다. 커피를 못 마시던 10대 시절에는 핫초코에 시나몬 가루를 뿌려 마셨고, 성인이 되어 카푸치노에 빠졌을 때는 꼭 시나몬 가루를 뿌려달라고 주문했다. 헬싱키에서도 평소 나의 '괜찮은 카페' 기준에 딱 들어맞는 곳을 찾아 나섰다. 그렇게 발견한 카페가 호텔에서 5분 정도 떨어져 있는 '카니스톤 레이포모(Kanniston Leipomo)'다. 그날 만든 빵을 진열해 놓은 자그마한 공간으로, 이미 블로거들 사이에서 카푸치노가 맛있다고 정평이 나 있었다. 무엇보다 창가 자리에 놓여 있는 나무 테이블이 마음에 들었다. 접시에 진짜 빵을 잔뜩 쌓은 뒤 꽃과 함께 디스플레이를 해놓은 모습이 독특해 보였다. 이런 게 북유럽 감성인 건가? 고민할 것도 없이 카푸치노와 시나몬롤을 주문했고, 시나몬롤의 어마무시한 크기에 다시 한 번 반해버렸다.

헬싱키 시내 한복판에 있는 공원 벤치에 앉아, 햇살에서 나는 향인지 공원 꽃밭에서 날아온 향인지 모를 기분 좋은 향기에 취해 잠시 눈을 감았다. 그러다가 괜히 감상에 젖어 다이어리를 펴고 이것저것 끄적거렸다. 흰 종이에 햇빛이 반사되어 눈이 부셨지만 전혀 개의치 않고 뒤통수가 뜨거워질 때까지 앉아 있었다.

'얼굴 좀 타면 어때, 지금 이 순간을 즐기자.'

헬싱키 시내에 대한 첫 인상은 '잘 정돈되어 있다'였다. 길도 복잡하지 않고 블록이 명확하게 구분되어 있어서, 길치라도 지도만 보고 찾아다닐 수 있을 정도다. 신나게 햇볕을 쬐고 공원을 지나 10분 정도 걷다 보니 항구가 나왔다. 항구를 중심으로 왼쪽에는 헬싱키 대성당, 오른쪽에는 우스펜스키 대성당이 위치해 있다. 전자는 새하얗고, 후자는 붉다. 또 하나는 루터교, 다른 하나는 러시아정교회다. 교파가 다른 만큼 두 건축물의 양식 또한 완전히 다르다.

헬싱키 대성당은 멀리서도 선명하게 보일 정도로 거대하다. 티 하나 없이 새하얀 건축물을 보는 순간 압도당했다. 한눈에 담기조차 버거운 대성당을 향해 한 계단 한 계단 올라갈수록 뿜어져 나오는 새하얀 빛 때문에 눈을 제대로 뜰 수가 없었다. 마침내 정상에 이르러 뒤쪽으로 빙 돌아 입구를 찾아 들어서니 의외의 소박함이 나를 맞이했다. 대성당 내부는 생각보다 작고 간소했다. 그 흔한 스테인드글라스도 화려한 그림도 없었고, 오로지 한쪽 면에 자리 잡은 파이프오르간이 전부였다. 때마침 오르간 주자가 연습을 시작하여 경건한 공간이 파이프오르간 소리로 가득 찼다. 나도 모르게 두 손이 모아지고 마음이 차분해졌다.

헬싱키 대성당, 줄지어 나란히

헬싱키 대성당을 둘러본 뒤 갑자기 허기가 찾아왔다. 그래서 우스펜스키 대성당도 건너뛴 채 바로 광장시장(카우파토리)으로 향하고 말았다. 한참 후에야 그 사실을 깨닫고는 배고픔에 눈이 먼 스스로를 원망했다. 이어서 이렇게 위로했다. '괜찮아. 연어가

그만큼 맛있었잖아!'

카우파토리에는 핀란드 전통 식재료와 해산물 요리 그리고 가볍게 배를 채울 수 있는 음식점이 모여 있다. 연어, 굴, 게 등 싱싱한 해산물과 이름 모를 훈제 햄, 고기 덩어리, 심지어 사슴 가죽까지 판다. 정어리 캔, 커피, 잼 등 기념품으로 사올 수 있는 완제품도 꽤 많아서 구경하는 재미가 쏠쏠하다. 그중에서도 시선을 확 사로잡은 것은 뭐니 뭐니 해도 연어였다. 안 그래도 연어를 좋아하는데, 헬싱키에서 신선한 연어를 먹을 수 있다니 신이 났다. 고민할 여지도 없이 훈제 연어를 올린 곡물빵 하나를 주문해 눈 깜짝할 새에 해치웠다. 와인 한 잔이 절실했으나 밤 비행이 기다리고 있어서 생수로 만족했다. 개인적으로 다시 이곳을 찾는다면 꼭 모둠 해산물 한 접시와 와인을 주문하리.

"거기에 정말 괜찮은 카페가 하나 있어, 꼭 가봐."

시벨리우스 공원의 위치와 자전거 정류소에 관한 정보를 얻기 위해 임시 관광 안내소를 찾았을 때 잘생긴 관광 안내원이 카페를 추천해 줬다. 길 찾기와 전혀 상관없는 그의 눈동자 색깔이 지금도 또렷하게 기억나는 건 왜일까. 깊고 푸른 호수 같은 눈동자였다. 그 관광 안내원이 추천해 준 카페는 시벨리우스 공원 근처에 위치한 레가타(Regatta)였다. 헬싱키 주민들은 물론 이미 관광객 사이에서도 유명한 곳인 듯했다.

일단 항구 바로 옆에서 빌린 시티바이크로 도시를 한 바퀴 돌았다. 요즘 한창 자전거 타는 재미에 빠져, 유럽 도시에 올 때면 공공 자전거가 있는지 찾아보곤 한다. 등록도 쉽고 가격도 저렴하다. 온라인으로 미리 등록만 해놓으면 바로 빌릴 수 있다. 헬싱키의 시티바이크는 등록비 5유로에 하루 종일 이용이 가능하고, 처음 30분은 무료다(2019년 현재).

자전거를 타고 시벨리우스 공원으로 향하는 길은 헬싱키 문화예술의 집합지다. 핀란디아홀, 오페라하우스, 헬싱키 뮤직센터 그리고 새로 지은 국립도서관까지 한데 모여 있다. 각종 공연장을 구경하자니, 마지막으로 발레 공연을 본 게 언제였나 싶어 서글퍼졌다. 도하에 살면서 안타까운 일 중 하나다. 문화예술을 향유할 기회가 현저히 떨어진다는 점. 헬싱키의 공연장 안에 앉아 있고 싶은 마음을 꾹꾹 눌러 담아 페달을 밟았다. 시벨리우스 공원까지 언덕길이 이어져 허벅지가 터지도록 밟아야 했다.

시벨리우스 공원 안쪽으로는 강이 흐른다. 강가에는 보트를 타는 작은 선착장이 있고, 그 안쪽에 아기자기한 집 한 채가 있다. 카페 레가타다. 나무판자로 지은 작은 창고 같은 곳인데, 보는 순간 시골집이 연상되었다. 커피는 한 가지뿐이니 메뉴판을 볼 것도 없다.* 필터커피 순한 맛, 강한 맛만 결정하면 된다. 신기하게도

* 핫초콜릿 혹은 주스 등 시원한 음료도 있지만, 커피는 필터커피뿐!

레가타 카페, 필터커피

리필이 되는데, 리필을 하고 나면 리필 머니로 50센트를 돌려준다. 도무지 이해할 수 없는 시스템이지만 리필이 된다니 너무 좋았다. (라테를 원할 경우 계산대에 비치된 우유를 직접 따라 제조하면 된다.)

날씨가 화창해서 사람들이 모두 호숫가에 자리를 잡았고 카페 안의 테이블 네 개는 전부 비어 있었다. 레가타의 분위기를 더 느끼고 싶어서 나 혼자 카페 안 나무 의자에 걸터앉아 인상파 그림 같은 창밖 풍경을 감상했다. 틈틈이 바닐라 시럽을 듬뿍 올린 블루베리 파이와 필터커피를 풍경에 곁들였다.

'방금 로스팅한 신선한 커피보다, 내린 지 한참 된 이 필터커피가 훨씬 맛있는 이유는 뭘까. 분위기 때문이겠지.'

딱 시골집에 앉아 있는 기분이었다. 라디오에서는 컨트리 송이 지지직거리며 흘러나오고, 싸구려 페인트칠을 한 나무 의자와 테이블 그리고 나무 벽에 걸린 각종 주전자와 찻잔, 싸구려 장식이 절묘하게 조화를 이루며 아늑한 분위기를 자아냈다. 갑자기 몸이 노곤해지면서 금방이라도 잠이 들 것만 같았다.

'목이 왜 이렇게 화끈거리지?'

호텔로 돌아온 뒤 쇄골 근처가 따가워 거울을 보니 피부가 벌겋게 변해 있었다. 아까 먹은 해산물 때문에 알레르기 반응이 온 건가 싶어 자세히 보니 오늘 입은 원피스의 네크라인대로 목만 빨갰다. 하긴 선크림도 안 바르고 선글라스만 낀 채 하루 종일 북

유럽의 태양 아래 쏘다녔으니 당연한 결과다. 생각보다 강렬한 헬싱키 햇살에 흠칫 놀라긴 했다.

이곳에 오기 전까지 나에게 헬싱키는 조용한 북유럽 도시 중 한 곳일 뿐이었다. 차분하고 절제된 미를 사랑해 컬러풀한 색감보다 무채색을 즐기는 사람들의 도시라고 생각했다. 그런데 직접 본 헬싱키는 활기가 넘치고 반짝거렸다. 무엇보다 시나몬롤이 세상에서 제일 맛있는 도시였다. 가볍고 달달한 향에 이끌려 입에 넣어보면 정작 달콤함보다는 알싸한 향이 강한 여운을 남기는 시나몬처럼, 헬싱키는 직접 와봐야 알 수 있는 매력을 지닌 곳이다.

카사블랑카 크루

모로코 카사블랑카

승무원에게 즐거운 비행, 최고의 비행을 결정짓는 요인은 무엇일까. 꿈에 그리던 목적지? 매너 좋은 승객? 짧은 비행시간?

물론 어느 것 하나 빠지지 않고 딱딱 맞으면 좋겠지만 모든 게 완벽한 비행은 평생에 한 번 만날까 말까다. 승무원들 사이에서 유명한 말이 있다.

"크루가 비행을 만든다(Crews make a flight)."

최고의 비행 여부를 결정짓는 건 바로 함께하는 크루란 얘기다. 함께 비행하는 동료와 합이 좋으면 B777-HD 388석이 꽉 찬 비행 속에서도, 승객에게 어떤 무례한 요구를 받아도, 밥 먹을 새 없이 바쁜 비행이라도 즐거울 수 있다.

비행 전부터 카사블랑카에 대한 기대는 높았다. '카사블랑카'란 도시 이름부터 살랑살랑 간지럽다. 비읍(ㅂ)과 이응(ㅇ)이 들어가

"그대의 눈동자에 건배를!"

발음이 부드러워 그런 걸까. 낭만적이다.

"그대의 눈동자에 건배를!"*

술자리에서 장난삼아 외치던 한마디가 내가 접할 수 있는 카사블랑카의 전부일 줄 알았는데, 실제로 그곳에 가볼 기회가 찾아올 줄이야. 한창 흑백영화에 빠져 있던 시절 〈카사블랑카〉를 통해 모로코라는 나라를 알았고, 이후 막연한 환상을 품게 되었다. 주인공들이 있던 창가에 서서 카사블랑카를 내다보고 싶었다. 정작 영화 대부분은 모로코가 아니라 미국 할리우드에서 촬영됐다는 사실을 알고 허무했지만.

너무 기대감에 부풀어 있었던 걸까. "그대의 눈동자에 건배"는 무슨. 카사블랑카는 역대급 비행으로 기억에 남게 될 것 같다. 승객 탑승 때부터 땀이 흐르면서 기대감은 와르르 무너져 내렸고, 이륙과 동시에 비행기 안에서 '드라마'가 펼쳐졌다. 2분 간격으로

* 영화 〈카사블랑카〉의 명대사. "Here's looking at you, kid"를 의역한 것.

울려대는 호출 벨과 원하는 메뉴가 떨어졌다고 무례한 언행을 퍼붓는 승객, 샤워를 하고 나오는 건지 물로 흥건해진 화장실…. 뒤이어 승객들 사이에 인종차별 문제가 터졌고, 긴급 의료 상황까지 발생했다. 이코노미 크루 모두가 한 목소리로 외쳤다.

"오늘 비행은 드라마야!"

그래도 막장 드라마의 시놉시스 버금가는 B777 안에서 7시간 50분을 버텨낼 수 있었던 비결은 강한 체력도 정신력도 아니었다. 바로 인생 최고의 크루들 덕분이었다. 시종일관 에너자이저 건전지급 기운을 뿜어내던 스페인 출신 신입 크루, 꼼꼼하고 섬세한 태국인 크루, 마치 한국인 같았던 인도인 크루, 마지막으로 나까지 네 명은 환상의 팀워크로 뭉쳤다. 우리는 중간 갤리에서 고군분투하며 끝까지 웃음을 잃지 않았다. 심지어 서로 일을 더 하겠다며 싸우는(?) 사태까지 발생했다.

"너는 아까 그거 정리하느라 힘들었잖아. 이건 내가 해야 해! 가서 좀 앉아!"

"아니야, 저긴 내 구역이니까 내가 갈게. 넌 갤리에 남아서 갤리 매니저 도와줘."

(이런 상황은 실제로 거의 발생하지 않습니다. 환상 같은 일이죠.)

그중에서도 인도인 크루 니키는 나의 얼마 안 되는 비행 인생 통틀어 최고의 크루였다. 그녀는 인도의 북쪽 지방에서 왔다는데, 외모로 보나 성격으로 보나 거의 완벽한 한국인이었다. 니키는 한국 문화, 특히 한국 드라마를 좋아한다며 내 앞에서 한국어를 '흉내' 냈다(굳이 흉내라고 한 이유는, 한국어를 쓰고 읽을 줄도 모르지만 드라마를 보고 익혀 발음조차 한국인 같았기 때문이다).

나는 비행기가 이륙도 하기 전에 땀범벅이 되어 진이 빠져버렸다. 착륙 후 공항에서 걷는데 다리는 후들거리고 온몸은 두들겨 맞은 것처럼 아팠다. 더 이상 '그대의 눈동자'도 '건배'도 관심 밖이었다.

'카사블랑카란 글자조차 보기 싫구나. 빨리 씻고 눕고 싶다.'

승무원이 된 후 지난 6개월 동안 항상 3시간 간격으로 눈을 뜨곤 했는데, 카사블랑카에 도착해서는 놀랍게도 죽은 듯이 12시간이나 잤다. 다음 날 겨우 뜬 실눈으로 휴대폰 시간을 확인했을 때는 이미 아침 8시였고, 더 누워 있고 싶어도 배에서 나는 꼬르륵 소리를 무시할 수 없었다.

오랜만에 조식 뷔페를 먹으러 호텔 로비로 내려갔다. 항상 지도에서 근처의 괜찮은 카페를 찾아 아침을 해결하다가, 고민할 필요 없이 호텔 안에서 먹으니 편하긴 했다. 자주 엉덩이를 떼기 싫어서 접시 세 개에 음식을 가득 담아왔다. 최대한 천천히 꼭꼭 씹어 먹었다. 전날 호텔 안내 데스크에서 받아온 지도를 확인하며 밥 먹고 어디를 갈까 고민하는데, 때마침 니키가 식사를 하러 내려왔다. 둘 다 잔뜩 잠긴 목소리로 호들갑스럽게 아침 인사를 나눴다.

카사블랑카 어느 거리

아침 식사 자리에서 비행 얘기는 일절 금지였다. 그 대신 나는 영화 〈카사블랑카〉를 못 봤다는 니키를 위해 줄거리를 알려주며, 우리가 영화 속 릭스카페는 못 가더라도 일단 커피는 마셔야 한다고 강력히 주장했다. 나와 니키는 번갈아 가며 계속 커피를 가져와, 끊임없이 먹고 마시며 이야기했다. 8시 30분부터 시작된 우리의 아침 식사는 에스프레소를 네 잔째 마시고 나서야 종료되었고, 아쉬운 대로 근처에 있는 전통 시장 수크를 둘러보기로 했다.

카사블랑카 전통 시장은 튀니스와 비슷한 분위기였다. 사람 많고 정신없는 튀니스 전통 시장에 비해 좀 더 차분했지만, 여기저기 걸려 있는 화려한 전통 의상과 장신구, 원색 일색인 그림 등은 마찬가지로 시선을 확 빼앗았다. 다만 두 나라 모두 과거에 프랑스령이었다는데, 카사블랑카에서는 어디서도 그 흔적을 찾아볼 수 없었다. 튀니스는 길 이름조차 프랑스 색채가 가득했는데 말이다. 또 카사블랑카는 길거리에 야자수가 있어서 참 신기했다.

'카타르와 똑같이 더운 나라인데 여기는 덜 건조하구나. 휴양지에 온 기분이네.'

남녀노소 할 것 없이 자유롭게 돌아다니는 분위기도 마음에 들었다. 같은 아랍권인데 이렇게나 다르다니. 내가 살고 있는 도하보다 훨씬 자유롭고 숨통이 트였다.

카사블랑카에 왔었다는 사실을 아름다운 기억으로 포장하고자 뭐라도 살까 싶어 기웃거리는데, 딱히 마음에 드는 물건이 없었다. 자석이나 사려고 돌아선 순간 맞은편 가게에 매달려 있는 가방이 눈에 들어왔다. 저거다! 손가락으로 가방을 가리키자 주인아저씨는 다양한 색깔의 가방을 죽 늘어놓기 시작했다. 가격을 깎아보려고 흥정을 시도했지만 그 어떤 언어로도 소통이 불가능했다. '그래, 비싼 가격도 아닌데 그냥 지르자.' 이거라도 안 사면 너무 아쉬울 것 같아서 나는 가방을, 니키는 스카프를 구매했다.

시장과 사원만 둘러보고 길거리를 배회하다가 끝난 레이오버라 아쉬움이 남긴 하지만, 나의 '베스트 크루' 니키를 알게 되었다는 사실만으로도 충분했다. 마음에 드는 가방도 건졌고 말이야.

카사블랑카에서 도하로 돌아오는 비행기 안. 치열했던 비행이 바로 어제 일인데 아주 먼 과거처럼 느껴졌다. 전날과는 다르게 그나마 숨 돌릴 여유가 생겨 창문 가리개를 슬쩍 열어보니 태양이 떠오르고 있었다. 몽실몽실한 하얀 구름이 깔린 하늘에 주황빛 띠가 펼쳐졌다. 아름다운 광경을 놓칠세라 서둘러 니키에게 손짓했다. 그녀는 말없이 왼편 창문을 가리켰다.

'응? 왼쪽을 보라구? 왜지?'

거기에는 달이 떠 있었다. 희뿌연 하늘에 은색 보름달이 둥그렇게 떠올라 있는 것으로 보아 아직 저녁이었다. 내가 탄 비행기가 지금 낮과 밤 사이를 가르고 있구나. 경이로웠다. 말 그대로 온전한 하루 속에 있었다. 카사블랑카에서 잉그리드 버그만과 험프리 보가트가 내다본 창가에 서지는 못했으나, 비행기 안에서 새로운 세상을 내다보았다. 밤 비행을 하는 자만이 누릴 수 있는 특권이다. 이래서 아무리 힘들어도 비행이 좋다. 특히 밤 비행이.

베네치아 팔레트

이탈리아 베네치아

꿈속에서 곤돌라를 탔다.

낮 동안 베네치아 시내를 돌아다니며 본 것보다 빠른 속도에 깜짝 놀라 자꾸만 두리번거렸다. 곤돌라 안에는 나 혼자뿐이었다. 문득 머리가 무거워서 만져보니 유니폼 모자를 쓰고 있었다. 유니폼을 입고 곤돌라 관광이라니, 내가 미친 게 틀림없구나!* 안절부절못하다가 갑자기 장면이 바뀌었다.

싱가포르 빌딩 숲 사이에 숨어 누군가가 갈아입을 옷을 가져오길 기다리고 있다. 기다리다가 결국 잠에서 깼다. 화들짝 놀라서 깬 것도 아니고 정말이지 자연스럽게 스르륵 눈이 떠졌다. 강렬한 아침 햇살이 암막 커튼 사이의 작은 틈을 뚫고 내 얼굴로 쏟아져 내렸다.

* 승무원은 공항을 제외하고는 유니폼을 입은 채 돌아다닐 수 없다. 유니폼을 입고 택시나 대중교통을 이용해서도 안 된다.

본섬, 곤돌라

'꿈이구나.'

꿈속에서조차 꿈을 꾸고 있다는 걸 알면서도 가슴을 쓸어내렸다. 노를 젓는 사람이 없으니 곤돌라가 산으로 간 걸까. 별 의미 없는 꿈치고는 여운이 길었다. 어제 다녀온 곳도 기억하지 못하는데, 가장 최근에 다녀온 도시 두 곳이 나란히 꿈속에 나오다니.

자타공인 '날씨 요정'인 까닭에 어느 도시를 가든 내리던 비도 그치게 만드는 능력이 있다. 먹구름 끼고 비 내리던 공항에 내가 탄 비행기가 착륙하면 구름이 걷히고 해가 얼굴을 내밀곤 한다. 온종일 먹구름 가득 비 소식 이어지던 베네치아 국제공항에도 내가 탄 카타르 항공 비행기가 착륙하자 파란 하늘이 펼쳐졌다.

남들에겐 낭만으로 가득 찬 도시 베네치아지만 나에게는 무시무시한 곳으로 각인돼 있어서인지 파란 하늘이 펼쳐져도 감흥이 덜했다. 오버투어리즘으로 고통 받는 현지인, 영화 〈인페르노〉의 재앙이 덮친 곳, 지구 온난화로 곧 사라질 도시 등. 이야기만 들어도 으스스하다. 이처럼 글로 접한 도시 기행은 종종 왜곡된다.

비행 가는 도시에 뭐가 유명하고 뭐가 맛있는지 알아보고 가면 좋을 텐데, 짜먹는 홍삼정으로 근근이 버티는 나에겐 그럴만한 시간도 체력도 없다. 그래서 차라리 속 편하게 아무 생각, 아무 계획 없이 출발하는 편이다. 원래 무계획 여행을 선호하던 나의 능력치가 점점 업그레이드되고 있는 셈이다.

베네치아에서는 작은 배가 버스고, 택시고, 지하철이다. 여행자 입장에서는 편하고 빠르게 이동하며 관광도 할 수 있어 일석이조다. 부라노섬에 가기 위해서는 한 차례 환승을 해야 하는데, 일단 'Ferrovia B' 정류장(선착장)에서 5.2번 배를 타야 한다. 여행자들 사이에서 유명한 곳이니, 모르겠다 싶으면 그냥 줄이 가장 긴 곳으로 가서 기다리다가 우르르 따라가면 된다.

배가 각 선착장에 닿으면 밧줄을 던져 부둣가에 대고 잠시 멈춰 선다. 사람들이 내리고 탄 뒤 다시 출발한다. 처음엔 무척 낯설었는데 몇 번 타고 나니 익숙해졌다. 베네치아 본섬에서 출발한 5.2번 배는 중간에 네 개의 선착장을 거쳐 'F.te Nove'에 도착했다. 환승할 타이밍이었다. 다른 여행자들과 함께 우르르 내려 12번 배로 갈아탔다. 환승 시스템이 어찌나 잘되어 있는지 이탈리아어를 몰라도 번호만 보고 찾아다니면 헷갈릴 일이 없다.

오랜만에 바다 내음을 접하고 기분이 좋아졌다. 시속 20km로 전진하는 배 갑판 위에 올라 햇빛과 바람을 흡수하면 틀림없이 홍삼정보다 더한 효과가 나타나리라. 이곳에서 반나절을 머물든 하루를 머물든, 다음 날 비행이 하나든 두 개든 전부 잊어버린 채 온전히 행복한 여행자 모드의 스위치를 켰다.

부라노섬은 팔레트 같은 곳이다. 섬 입구에서부터 아기자기한 집들이 화려한 색을 뒤집어쓴 채 쪼르륵 서 있는데, 신기하게도 겹치는 색깔이 없다. 가까이 붙어 있는 집들은 팔레트에 짜놓은 수채화 물감 같았다. 느긋하게 산책하면서 이곳저곳 돌아봤다. 시간 걱정하며 조급해할 필요도 없고, 앞사람을 따라 무조건 직진할 필요는 더더욱 없다. 그냥 마음에 드는 색깔을 따라 골목 깊숙이 들어가 보자. 종종 담벼락 색깔에 반해 한참 카메라의 셔터를 누르다 보면 집주인 할머니가 빼꼼 고개를 내밀 수도 있다.

부라노섬은 유리공예와 레이스로 유명하다. 섬에 있는 상점의

부라노섬, 팔레트

3분의 2가 유리공예품과 스카프를 판매한다. 바람이 불 때마다 하얀 레이스로 만든 원피스와 스카프가 살랑이는데 괜히 내 가슴도 일렁였다. 혹시라도 햇빛이 유리공예점의 좌판대로 흐를 때면 작은 유리구슬이 그 빛을 반사해, 지나가는 사람을 홀린다. (그리고 지갑이 열린다.) 이곳은 유명 관광지인 데 비해 레스토랑이나 카페가 많은 편은 아니다. 관광객을 대상으로 하는 상점조차 해가 지기 전부터 문을 닫기 때문에 섬 전체가 더욱 한갓지다.

걷다 보니 배가 고팠다. 눈에 띄는 아무 음식점이나 들어가려고 했는데, '그래도…'가 마음 한구석에서 손을 들고 일어섰다.

'그래도… 분위기가 좀 중요하잖아. 넓게 트여 있는 광장보다는 아늑한 느낌이 드는 곳이 좋아. 광장은 너무 정신 사납지 않아?'

결국 '그래도…'에 승복해 골목으로, 골목으로 파고들어 갔다. 조금 더 걷다가 우연히 발견한 레스토랑의 딱 한 자리 남은 야외석에 자리를 잡았다. 상그리아와 해산물 튀김 그리고 이탈리아인들이 사랑하는 에스프레소를 파는, 여느 평범한 레스토랑이었다. 사실 부라노섬에 있는 레스토랑 대부분이 해산물 튀김과 시원한 주류—상그리아 등—를 판다. 다만 그런 게 있지 않은가. 똑같은 메뉴를 팔아도 콕 집어 내 마음에 쏙 드는 곳.

흰 차양 아래 앉아 달콤쌉싸름한 상그리아와 짭조름한 해산물 튀김을 먹으면서 맞은편 레이스 상점의 흰 스카프가 휘날리는 장면을 멍하니 바라봤다. 그 상점 주인은 내가 주문한 상그리아가

부라노섬, 가면 축제

나올 무렵부터 서서히 문 닫을 준비를 하더니, 해산물 튀김이 나올 즈음 완전히 상점 문을 닫고서 내가 앉아 있는 곳으로 건너왔다. 오자마자 내 옆 테이블의 멋쟁이 할머니 세 분과 반갑게 인사하며 합석하는 것이 아닌가.

상그리아에 들어 있는 과일을 이쑤시개로 찍어 먹으며 거리를 관찰했다. 온통 멋쟁이뿐이었다. 우아한 원피스에 고급 손목시계, 핸드백과 선글라스로 패션을 완성한 할머니들이 삼삼오오 모여 앉아 오후의 에스프레소를 즐기며, 지나가는 이들에게 "차오" 하고 인사를 건넸다. 그러고는 오랜만에 만난 사이처럼 끊임없이 이야기를 이어갔다. 매일 보는 이웃인데 뭐가 저리 할 말이 많은 걸까?

흰 차양 사이로 언뜻 파란 하늘이 보였고 뭉게구름 조각이 걸려 있었다. 적당한 바람과 보랏빛 상그리아, 온갖 색깔의 향연이었다. 상그리아에 든 오렌지 조각의 껍질까지 씹어 먹으며 미적거리다가 마지못해 일어나 선착장으로 향했다.

베네치아는 마법의 도시다. 누가 봐도 골목길의 끝은 높은 담벼락으로 가로막혔는데 막상 가보면 레스토랑이 나오고, 작은 광장이 나온다. 저녁에 지나가면 해코지라도 당할까 무서울 법한 골목길의 끝에서 새로운 장면이 펼쳐진다. 건물 사이사이에 운하가 퍼져 있고, 다리가 이어져 있다. 길을 잃어도 즐겁다. 막다른 길 같아도 일단 전진하고 나면 새로운 발견이 기다린다는 걸 알고부터는 거침이 없었다. 특히나 중간에 젤라토를 손에 쥔 뒤로는 세상 두려울 게 없었다. 한 손엔 카메라, 다른 한 손엔 이탈리아의 맛—티라미수와 마스카르포네 치즈로 점철된—을 쥔 '탐험가'는 오로지 자신의 감을 믿었다. 헷갈릴 때는 무조건 앞사람을 따라갔다.

'어차피 저 사람도 광장에 가는 거겠지 뭐.'

그리고 기대했던 대로 광장이 나왔다.

산마르코 광장, 나폴레옹이 "유럽에서 가장 아름다운 응접실"이라고 극찬했단다. 정교하고 웅장한 건물로 둘러싸인 직사각형 모양의 광장은 세계 각국에서 온 사람들로 북적였다. 사진 찍는 사람, 걸터앉아 담소를 나누는 사람, 커피를 마시는 사람, 비둘기한테 모이를 주는 사람 등. 광장 가장자리에 위치한 레스토랑에서는 라이브 연주가 흘러나왔다. 광장에 음악이 울려 퍼지자 마치 연회장에 들어선 느낌이 들었다. 산마르코 광장이 거대한 응접실로 변했다.

다시 배에 올랐다. 파란 하늘에 서서히 분홍빛이 퍼지더니 순식간에 붉게 변했다. 밤이 시작되고 있었다. 또다시 가슴이 두근거렸다. 누군가 서쪽 하늘에 선홍빛 주스라도 쏟아버린 듯 노을이 불타올랐다. 승객 모두 갑판으로 나와 넋을 놓고 석양을 바라보았다. 뭐가 급한지 석양은 금세 자취를 감췄고 그 대신 둥그런 달이 등장했다. 달이 자꾸만 나를 따라왔다.

'아, 음력 7월 15일 보름이구나.'

어릴 때는 달에 토끼가 산다고 믿었다. 장롱 속 아빠의 망원경을 몰래 꺼내 보름달이 뜰 때마다 토끼가 방아를 찧고 있는지 지켜보곤 했다. 지금 내 손에 망원경은 없지만 달이 따라오는 덕분에 자세히 관찰할 수 있었다. 달빛이 너무 밝아 달 주변이 희뿌옇게 피어올랐다. 이런 걸 두고 휘황찬란하다고 하는 걸까.

'베네치아에서는 모든 게 비현실적이구나. 물 위에 떠 있는 집, 거미줄처럼 이어진 거리, 곳곳에 숨어 있는 레스토랑, 배를 타고 이동하는 사람들, 청량한 하늘과 쫄깃한 젤라토까지. 이곳에서라면 토끼가 보름달 속에서 방아를 찧는다고 해도 믿을 것 같아.'

베네치아에서 도하로 돌아오는 비행기 안. 한 승객이 손을 크게 흔들어 나를 불렀다. 뉴질랜드로 어린 손주들을 만나러 간다는 할머니 승객이었다.

"잠깐만, 네가 꼭 봐야 하는 것이 있어."

그 승객은 창문 밖을 가리켰다. 보름달이 사라졌다. 월식이었다.

"아무리 바빠도 이런 건 꼭 봐야 해."

승객 좌석 너머로 자세히 보기는 불편해서 고맙다고 인사한 후 서둘러 뒤쪽 비상구로 향했다. 비상구에 붙어 있는 작은 창문으로 개기월식을 지켜봤다. 이렇게 가까이서 월식을 본 것은 처음이었다. 비행하다 보면 다양한 사람, 사건과 맞닥뜨리는데 그중 제일은 하늘에서 벌어지는 신기하고도 아름다운 현상이다. 누구

보다 가까이서 지켜볼 수 있다.

도하의 하마드 국제공항에 도착하자 달은 서서히 모습을 드러냈고 숙소에 도착할 무렵에는 온전한 보름달로 돌아와 있었다. 베네치아에서 본 바로 그 보름달이었다.

'맞아, 나 몇 시간 전까지만 해도 베네치아에 있었지.'

여전히 나는 오늘이 무슨 요일인지, 며칠인지, 어제 어느 도시에 있었는지 깜빡깜빡하겠지만 앞으로 보름달이 뜰 때마다 베네치아에서 보낸 하루를 떠올릴 것이다. 나에게 월식을 알려준 승객은 뉴질랜드까지 15시간은 더 날아가야 할 텐데…. 잘 도착해서 손자, 손녀를 만났을지 궁금하다.

13시간 비행을 대하는 나의 자세

호주 애들레이드

"자, 13시간이야. 다들 잠은 충분히 자고 왔겠지? 가장 주니어인 사람이 두 번 나눠서 휴식을 취하게 될 거야. 오늘도 안전하게 비행하자!"

남호주의 수도 애들레이드는 무려 13시간 1분이나 날아가는 밤 비행이다. 모든 비행은 비행시간에 따라 총 네 개의 카테고리로 나뉜다. 쇼트 하울(Short Haul), 미디엄 하울(Medium Haul), 롱 하울(Long Haul), 울트라 롱 하울(Ultra Long Haul). 유럽 도시는 대부분 미디엄 하울에 속하고, 아시아 국가와 아메리카 대륙에 위치한 나라 그리고 호주는 롱 하울 혹은 울트라 롱 하울에 속한다.

말만 들어도 영원한 비행이 될 것 같은 울트라 롱 하울은 생각조차 하기 싫은 비행이다. 뉴질랜드의 오클랜드와 브라질의 상파울루가 각각 16시간, 18시간으로 카타르 항공에서 가장 긴 비행에 속한다. 특히 상파울루 비행은 상파울루까지 15시간 날아간

후 환승객을 새로 받아 아르헨티나로 가는 두 섹터 비행인데, 무려 18시간을 비행해야 끝이 난다. 동기 중 두 명이나 첫 솔로 비행으로 상파울루를 받고는 어쩔 줄 몰라 하던 모습이 아직도 선명하다. 아무것도 모르는데 18시간이나 비행을 해야 한다는 건 말 그대로 '헬'이다.

"너희 자리는 어디야? 비행하다가 어디서 쉬긴 하는 거야?"

친구들은 종종 이렇게 묻는다. 비행시간이 긴 경우 국제항공운송협회(IATA) 규정에 따라 승무원들은 기내에서 정해진 시간 동안 휴식을 취해야 한다. 10시간 미만의 비행이라면 따로 휴식 시간이 없다. 그냥 눈치껏 알아서 밥 먹고 점프시트에 잠깐 앉아 있는 게 전부다. IATA 규정에 해당하는 비행은 대부분 10시간 이상의 비행이다. 이런 경우에는 기내의 숨어 있는 공간인 '벙크(bunk)'에서 3~4시간 정도 휴식을 취한다.

승객들 눈에는 보이지 않는 곳에 벙크로 향하는 비밀의 문이 있다. 한국에선 이미 여러 차례 방송에 소개되기도 했다. 벙크 베드가 다닥다닥 붙어 있는 비밀 공간에서 승무원들이 휴식을 취한다고. 간혹 숨 막혀 하는 사람도 있지만 생각보다 아늑하다. 잠깐이라도 구두를 벗고 혼자서 다리 쭉 뻗고 쉴 수 있다는 것만으로도 감사하다. 이번 비행에서는 3시간 30분의 휴식이 주어졌다. 비밀의 문을 열고 벙크 베드에 들어가 바로 잠이 들었다.

간혹 잠옷으로 갈아입고 화장까지 다 지우고 잔다는 크루도 있지만 나는 단 1분도 허비하고 싶지 않았다. 그냥 얼굴에 여드름 한 개 허용하고 말지. 처음에는 엔진 소리나 기계음이 너무 시끄러워서 잠들지 못하고 뒤척거리다가 책을 읽곤 했는데 지금은 심각한 터뷸런스가 와도 깨지 않고 잘만 잔다.

그렇다면 도대체 13시간 비행 동안 승무원들은 뭘 할까? 일단 애들레이드 비행의 서비스 순서는 이렇다. 저녁-샌드위치-무비 스낵-아침 순으로 식사 두 번, 스낵 한 번, 샌드위치 한 번이다. 비행기를 타면서 봤던 모든 먹거리가 총출동한다고 보면 된다. 우리끼리 "이건 기내식 사육"이라고 이야기하는데, 정말로 끊임없이 오븐에 넣었다 빼고 카트를 준비하고 서비스를 하느라 바쁘게 돌아간다.

승객 입장에서는 13시간이 길어 보여도 승무원에겐 생각만큼 길고 어려운 비행은 아니다. 서비스만 네 번이다 보니 승객들과의 친밀도도 높아진다. 얼굴을 한두 번 보는 쇼트 하울 혹은 미디엄 하울과는 다르게 최소 열 번 이상 마주하기 때문에 승객들과 이런저런 얘기도 나누고 이름도 알게 된다. 비행 초기에는 좌석번호 읽기도 벅찼는데 지금은 어떤 승객이 어느 자리에 앉았는지, 무슨 옷을 입었는지 저절로 기억난다. 지나가는 나를 붙잡고 먼저 말을 거는 승객도 있다.

"어디서 왔어? 애들레이드엔 얼마나 머무는 거야? 힘들지, 너희는 언제 쉬는 거니? 어디의, 뭐가 되게 맛있는데 내가 알려줄게."

13시간 비행을 대하는 승객들의 자세도 만만치 않다. 특히 유럽에서 도하를 거쳐 환승하는 승객들은 무려 20시간 가까이 비행하는 셈이니 대부분 지친 표정으로 먹고, 자고, 자다 일어나서 또 먹고, 다시 잠에 빠져드는 패턴이다. 이번 애들레이드 비행은 비즈니스 석과 이코노미 석이 모두 만석이었다. 여기에 어린이만 30명이 넘는 비행이라 다들 초긴장 상태였으나 어린이 승객들은 생각보다 조용하고 얌전했다. 아마 13시간 밤 비행이라 타자마자 기절하지 않았을까 싶다.

"오늘 비행 어땠어? 다음에도 카타르 항공 타고 싶을 것 같니?"

자기 몸만 한 배낭을 메고 코끼리 인형을 흔들며 인사하는 어린이 승객에게 웃으며 물어보았다. 귀여운 꼬마 승객은 수줍게 "예스"라며 고개를 끄덕거렸다. 어린이 승객이 한 명이어도 유독 정신없고 힘든 비행이 있는 반면 이번처럼 30명이어도 평화로운 비행이 있다. 애들레이드 비행에서는 심지어 생후 12개월 아기까지 조용해 승객과 승무원 모두 만족한 비행이었다.

애들레이드는 지금 가을이다. 극강의 더위를 맛보다가 선선한 가을로 넘어오니 어리둥절하다. 몸도 적응을 못 했는지, 도하에서부터 칼칼하던 목이 확 가버렸다. 누가 찌르는 것처럼 아프다가 아예 목소리가 나오지 않는다.

가을이 이랬던가. 오랜만에 만난 파란 하늘과 쌀쌀한 바람 그리고 앙상한 나뭇가지가 어색하기만 했다. 한낮 기온이 15도 정도인데 파카를 껴입은 사람, 반팔 차림인 사람 등 다양하다. 단 하루뿐인 가을이지만 마음껏 감상에 젖어봤다. 머리가 먼저 '가을'임을 인지해 버렸는지 외로움이 밀려왔다. 나가기조차 귀찮았다. 아니면 그동안 하도 돌아다녀서 체력이 떨어진 것일까. 겨우 몸을 일으켜 주변 산책에 나섰다. 센트럴마켓에서 커피를 사와 빅토리아 광장 잔디밭에 앉았다. 그래도 가을은 내가 봄만큼이나 좋아하는 계절이다. 목소리는 잃고 가을 감성을 얻었다.

센트럴마켓 (위)
빅토리아 광장 (아래)

UTC + 0

영국 맨체스터

현재 시각 오전 8시 18분, 나는 지금 UTC + 0인* 나라 영국에 있다. 호텔 엘리베이터에서 내리자 찬 공기가 온몸을 휘감았다. 애들레이드 비행 이후 근 두 달 만에 맛보는 차가운 공기에 전율이 일었다. 정장이나 터틀넥 차림으로 출근을 서두르는 바쁜 발걸음, 바퀴 달린 배낭이나 슈트케이스를 끌며 이동하는 사람들이 맨체스터 거리에 활기를 불어넣었다.

전형적으로 흐린 영국 날씨였지만 도시에는 생동감이 넘쳤다. 오래된 고딕 양식의 건물과 산업혁명 시대에 지어진 공장 같은 벽돌 건물, 현대식 고층 건물이 혼재되어 있는 것은 물론, 시도 때도 없이 달리는 노란 트램과 동그란 택시 그리고 수많은 차량이 공존했다. 과거와 현재가 뒤섞여 있는 신기한 도시에서 맞이하는

* UTC는 협정 세계시를 뜻함.

그래피티

가을 날씨가 마냥 좋기만 하다.

첫 영국 비행치고 나쁘지 않았다. 이번 맨체스터 비행 전에도 영국 비행 기회가 네 차례나 있었지만 단 한 번도 출근 도장을 찍지 못했다. 전 비행이 연착되어, 갑자기 이유 없이 스케줄이 바뀌어서, 혹은 컨디션이 안 좋아 병가를 낸 까닭에 모든 비행이 의지와 상관없이 취소되었다. 그러나 한순간도 아쉽지 않았다. 영국 비행은 힘들기로 악명이 높았기 때문이다. 비행이 취소될 때마다

티 나게 안도의 한숨을 쉬었다. 다만 이번 맨체스터 비행에는 아무런 건수가 없어서 울며 겨자 먹기로 출근했다.

A350 이코노미 247석이 만석인 아침 비행. 진토닉만 50잔 넘게 만들 거라는 동기의 무시무시한 경고가 떠올랐으나 어두운 표정을 애써 감추며 탑승을 준비했다. 하지만 비행신은 내 편이었다. 승객 절반 이상이 중국 국적이었는데, 단 한 잔의 진토닉도 만들지 않고 어떤 비행보다 평화롭게 7시간 16분을 날아갔다. 환상적인 팀워크 그리고 승객들과의 완벽한 궁합으로 모두가 행복한 비행이었다. 그 덕분에 맨체스터에 대한 호감도가 상승했다. 아무런 연관은 없지만 종종 비행을 하는 동안 그 도시에 대한 첫인상이 결정되기도 한다.

맨체스터 하면 생각나는 것은 축구뿐. 뭘 할지 고민하다가 무작정 호텔 밖으로 나왔다. 유명 관광지도 아니고, 문화 유적이 넘치는 곳도 아닌 최첨단 도시는 처음이었다. 우중충하고 공장 같은 건물만 가득할 거라는 나의 예상을 비웃기라도 하듯 거리 곳곳에 생동감이 가득했다. 낡고 오래된 벽돌 건물 외벽엔 그래피티나 현대적인 그림이 그려져 있었고, 그 건물 사이사이에 고딕 양식 건물이 숨어 있어 멋스러움을 더했다.

예전부터 인스타그램에서 팔로잉하던 독립 서점의 계정이 있다. '마그마(Magma)'라는 곳으로 예술·독립 출판물을 판매한다.

독특한 이름과 그에 어울리는 새빨간 간판, 그리고 내가 좋아하는 한국 잡지 《매거진 B》의 영문판이 입고되어 있다는 사실 등이 마음을 사로잡았다. 책만큼 서점을 좋아해 어느 도시를 여행하든 대형 서점이나 독립 서점에 들르곤 했다. 이번에도 서점이나 가볼까 싶어 검색했는데 마그마가 튀어나와 어찌나 기쁘던지. 맨체스터 비행이 운명이었던 거야.

서점 마그마를 찾아간 것은 현명한 선택이었다. 서점이 위치한 올드햄 거리 일대는 온갖 종류의 가게와 펍이 즐비했고, 벽마다 화려한 그래피티가 채워져 있었다. 여기는 서점, 저기는 레코드 가게, 저쪽은 소품 가게, 그 옆은 신발 가게 등, 어느 곳 하나 겹치지 않았다. 간판도, 가게 입구나 인테리어 역시 다 달랐다. 모든 가게를 드나들면서 온종일 구경해도 전혀 지루하지 않을 듯했다. 개성 넘치게 차려입은 젊은이들이 거리를 활보했으며, 그 누구도 힐끗거리거나 남의 시선을 신경 쓰지 않았다. 지금껏 느껴보지 못한 신선한 도시 분위기에 나도 모르게 빠져들었다.

마그마는 생각보다 훨씬 작은 독립 서점이었다. 멀리서도 눈에 띄는 빨간 문을 열고 들어가면 공간 가득 책과 잡지뿐이다. 도대체 누가 이런 걸 사겠나 싶은 책부터 나도 한번 만들어보고 싶다는 생각이 드는 예술 잡지까지, 그리고 에코백과 기념엽서 등 기념품도 팔고 있다. 서점을 빙 둘러도 서른 발자국이면 끝날 공간에, 볼거리는 서른아홉 개는 돼 보였다. 잔뜩 흥분해서 이것저것

마그마 서점

들춰보다가 서점 입구에서 《매거진 B》를 발견했다. 해외 서점에 갈 때면 혹시라도 한국 문학은 없는지 찾아보곤 하는데, 이곳에서 《매거진 B》를 발견하니 오랜만에 아는 사람이라도 만난 것처럼 신이 났다.

마그마 밖에서도 흥미로운 곳들이 나를 향해 손짓하고 있었다. 유명 맛집이나 쇼핑센터 등 특정 장소보다는 거리 자체에 마음을 뺏기는 요즘, 맨체스터의 개성 넘치는 거리는 말 그대로 '취향저격'이었다. 2~3층 높이의 건물들을 지나 걷다 보면 현대식 고층 빌딩과 유명 쇼핑센터 안데일이 나온다. 그곳에서 2~3분 더 걸으면 전 세계 축구 팬들에게 사랑을 받는 국립축구박물관에 도착한다. 축구에는 전혀 관심 없는 나조차 입이 떡 벌어질 만한 크기와 디자인의 건물이었다. (안에 들어가 보지는 않았다.) 축구 박물관답게 뒤편에는 연두색 잔디가 깔려 있었고, 오후 햇살을 즐기는 사람들이 즐비했다. 그 옆으로 공을 가지고 노는 아이들과 스케이트를 타는 무리가 보였다.

국립축구박물관에서 5분 정도 더 걸었을까. 맨체스터 대성당의 시계탑이 시야에 들어왔다. 나무와 잔디로 둘러싸인 성당이라니. 야트막한 시계탑과 성당 외벽에 장식된 섬세한 조각상이 눈길을 사로잡았다. 맨체스터 대성당은 위엄과 엄숙함을 자랑하는 여타 유럽 도시의 대성당과 달리, 내부도 유명세에 비해 소박했다.

파이프오르간 연주 소리에 끌려 나무 문을 열고 안으로 들어가니 처음 보는 광경이 나타났다. 예배용 나무 의자도 없이 마치 미술관처럼 뻥 뚫린 빈 공간이 나를 맞이한 것이다. 성당 한쪽 벽에 걸려 있는 코소보 내전 관련 기획 전시물이 눈에 띄었다. 코소보 내전 20주년을 맞이하여, 당시 난민들을 수용했던 맨체스터의 역사를 보여주는 전시였다. 맨체스터 대성당은 오래된 역사를 자랑하는 과거의 공간일 뿐만 아니라, 아픔의 역사를 수용 중인 현재 진행형 공간이었다.

이곳이 더욱 신기한 이유는 바로 성당 한가운데 위치한 파이프오르간 때문이었다. 성당 뒤가 아니라 정면에 위치한 파이프오르간이라니. 때마침 연습 중이던 오르간 주자 덕분에 공연을 보는 기분이 들었다. 앞에서 들려오는 파이프오르간의 낮게 울리는 소리는 어지럽던 마음까지 거룩하게 만들었다. 다른 세상에 온 것 같았다. 불과 30분 전에 최첨단 도시의 생기를 맛본 데 이어 성당 가득 울려 퍼지는 파이프오르간 소리를 들으니 모든 게 꿈이었나 싶었다.

맨체스터 대성당에서 받은 거룩한 느낌을 잃어버리고 싶지 않아 테스코에서 간단히 장만 보고 호텔방으로 돌아왔다. 창밖으로 맨체스터의 밤을 구경하며 시원한 맥주를 들이켰다. 근처를 지나가는 트램 소리, 빠르게 스쳐가는 스포츠카 소리도 들렸다. 시간 여행을 한 것 같은 하루였다.

아, 배지도 하나 샀다. 개성 넘치는 맨체스터와 어울리는 프리다 칼로의 명언이 적혀 있다.

"나는 나만의 뮤즈다(I'm my own muse)."

더블린에 '천천히 빠져들다'

아일랜드 더블린

나는 '천천히'라는 단어와 거리가 먼 사람이다. 뭐든 바로 해치우지 않으면 답답했고, 미리 계획해 놓지 않으면 불안했다. 대학 다닐 때도 교수님이 개강 첫날 오리엔테이션에서 한 학기 과제를 설명해 주시면 그날부터 개요를 짜기 시작했다. 잠시나마 빈 시간이 생기면 뭐라도 하면서 그 틈을 채워 넣어야 직성이 풀리는, 정말이지 피곤한 성격이다. 카페에서 커피를 마시며 동시에 책을 읽거나 글을 쓰고 강의를 들어야만 했다. 멍하니 앉아 커피만 마시는 일은 있을 수 없었다. 그런데 여행을 다니기 시작하면서 이런 성격을 고쳐야겠다고 마음먹었다. 계획 없이 무작정 떠나보고, 생각 없이 길을 거닐기도 하며, 낯선 도시의 카페에 멍하니 앉아 아무것도 안 하는 순간의 매력도 알게 되었다.

바쁘게 비행을 하다 보면 이런 여유가 더 절실하다. 그래서 더블린 비행을 신청했다. 내가 신청해 놓고도 잊어버리고 있었던

지라 이번 달 비행 스케줄에 'DUB REQ(더블린 비행 요청)'란 표시가 떠서 어리둥절했다. 더블린 비행을 요청한 이유는 두 가지다. 영화 〈원스〉와 기네스 맥주. 한동안 〈원스〉의 주제곡 〈Falling Slowly〉만 반복해서 들으며 우수에 찬 가을 여자 기분을 만끽했다. 나는 〈원스〉에 나온 버스킹의 천국 그래프턴 거리에 가서 그 분위기에 녹아들고 싶었다. 기네스 맥주 공장에 가서 시음하며 돌아다니는 건 부차적인 이유였다.

영국 못지않게 '마시자 파티'일 것 같던 더블린 밤 비행은 예상외로 순탄했고, 7시간 50분은 더디게 흘러갔다. 갑자기 무료함을 깨워줄 자극적인 음식이 먹고 싶어졌다. 매운 국물이 미치도록 그리웠다. 더블린으로 가는 비행기 안에서 말이다. 그리하여 아침 8시, 더블린에 도착한 후 호텔방에 드러누워 한식당을 검색하기 시작했다. "외국까지 가서 한식당을 왜 가는 거야?"라고 했던 나의 모든 언행을 거두어들이고자 한다. 더블린 시내에 위치한 한식당을 두 군데나 찾아냈다. 그 흔한 비빔밥이나 삼겹살집이 아니라 얼큰한 짬뽕을 파는 곳도 있었다. 쌀쌀한 날씨엔 짬뽕 국물이 제격이다.

버스로 30분을 달려 도착한 브라더스도시락(Brother's Dosirak)은 시내 중심가에 위치한 한식당이다. 버스 정류장에서 내려 더블린 시청을 지나 리피강 쪽으로 걸어가면서 맨체스터와는 또 다른 공기를 느꼈다. 비슷한 날씨에 같은 언어를 쓰고 있지만 명백히 달랐다. 리피강 남쪽과 북쪽을 잇는 다리를 건너 2~3분 정도 걸었을까. 갈까 말까 고민했던 일식집을 지나 맛집의 기운이 풍겨 나오는 카페를 발견했다. 밥 먹고 나서 저기서 커피 마시면 되겠다고 콕 집어두고 짬뽕집을 향해 계속 걸었다. 얼추 나올 때가 됐건만 브라더스도시락은 간판조차 안 보였다. 지나쳐버린 걸까. 간판을 하나하나 유심히 살피며 왔던 길로 되돌아가는데 반가운 한글이 보였다. 알고 보니 이 한식당은 아시아 식료품점 안에 위치한 숍인숍이었다.

생각보다 자그마한 규모에 불안한 마음을 숨기며 안으로 들어갔다. 한국 노래와 한국말이 들려왔고 홀린 듯 자리에 앉아 해물짬뽕과 공깃밥을 주문했다. 무려 12유로나 하는, 아주 비싼 짬뽕 되시겠다. 양이 많아 남길 게 분명한데도 공깃밥까지 주문해 버렸다. 비빔밥을 먹던 외국인 커플이 떠나고 혼자 남아 멍하니 기다리는데 조리하던 분이 불쑥 말을 걸어왔다.

"맵게 해드릴까요?"

내 얼굴에 "나 매운 거 먹고 싶어요"라고 쓰여 있나? 눈을 비비며 냉큼 대답했다.

"네, 아주 맵게 해주세요."

사실은 매운 걸 잘 못 먹는 주제에 말이다. 커다란 웍에 홍합이 한 움큼 들어가고 불쇼가 시작되면서 나의 기대감도 높아졌다. '생각보다 맛있겠는데?' 오랜만에 벌건 국물을 보자 입 안에 침이

고였다.

호로록. 냉큼 국물부터 맛봤다. 매콤한 기운이 가득 담긴 국물 한 숟가락이 내 기분까지 붉게 물들였다. 아니나 다를까, 양이 너무 많았다. 국물과 공깃밥을 비우는 대신 국수를 남기고 말았다. 마지막까지 국물을 사발째 들이켜며 무료함을 날려버리고 더블린 산책에 전의를 불태웠다.

"잘 먹었습니다."

기분 좋게 인사를 건네고 식당을 나서자 커피 한 잔이 간절했다. 본래 목적은 기네스 생맥주였는데, 계획이 바뀌었다. 커피를 들고 느긋하게 리피강을 산책하며 길거리 뮤지션들의 버스킹을 감상하고 싶었다. 도하에 처음 도착해서는 쇄골까지 오던 나의 머리카락이 자라 어느덧 허리까지 내려와 있었고, 때때로 부는 더블린의 강풍에 휘날렸다. 그렇게 봉두난발인 채로 미리 하트를 날려둔 카페 카메리노(Camerino)의 문을 힘차게 열어젖혔다.

입구에서부터 진짜 맛집 포스가 느껴졌다. 배가 불러 커피만 마셔야지 했는데 꾸덕해 보이는 브라우니를 보자 다시 식욕이 돌았다. 원래 밥 배 따로, 디저트 배 따로 아니던가. 무슨 맛을 사야 하나, 아니 브라우니만 살 것인가 머핀이랑 스콘도 살 것인가 고민하다 결국 스콘과 오리지널 브라우니 그리고 롱블랙 커피를 주문했다.

주문을 하고 나자 빵 이외의 것들이 눈에 들어오기 시작했다.

롱블랙을 주문받고 원두의 양을 정확히 그램 수로 잰 후 커피를 내리는 바리스타, 막 나온 브라우니를 자르고 있는 제빵사, 그리고 그 뒤로 케이크 아이싱을 하고 있는 파티셰가 보였다. 자그마한 카페에 전문가만 무려 세 명이었다. 주문이 들어오면 케이크를 만든다는데, 한쪽 벽에 그동안 만든 케이크 사진이 걸려 있었다. '아, 케이크도 먹고 싶다.' 때마침 나를 부르는 바리스타의 목소리에 가까스로 정신을 차릴 수 있었다.

연신 커피를 호로록거리며 리피강 다리를 건너는데 어디선가 힘찬 구호 소리와 함께 환호성이 들려왔다. 무언가를 홍보하는 모양이었다. 트럭을 개조해 자전거 동력으로 움직이게 만든 홍보 차량이 지나갔다. 노래를 부르면서 넘치는 흥을 주체하지 못하는 홍보원들을 보자 나도 모르게 기운이 솟으며 즐거워졌다.

기네스 공장으로 유명한 도시답게 더블린 거리 곳곳에 오크통을 내다 놓은 펍들이 눈에 띄었다. 이 도시는 카페보다 펍이 더 많아 보였다. 더블린성으로 향하는 거리에서도 맥주병을 든 사람들이 커피 마시듯 맥주를 마시며 지나갔다.

만약 유럽의 웅장하고 화려한 성에 익숙해졌다면 더블린성이 시시하게 느껴질지도 모른다. 정부 청사와 비슷한 역할을 하는 더블린성은 데임 거리에 위치해 있다. 13세기 바이킹군 요새를 대신해 지어졌다고 한다. 오히려 높고 웅장하지 않은 외관이 더블린성만의 매력으로 다가와 더 정감 간다. 소박하지만 아름다운 정원과 수수함이 매력적인 곳이다.

더블린성에서 나와 좁은 골목길 사이를 10분 정도 걸으면 어느덧 그래프턴 거리다. 바로 영화 〈원스〉 속 그곳. 사랑과 음악이 넘치는 버스커들의 성지다. 유명 브랜드가 입점해 있는 평범한 쇼핑가처럼 보이지만, 일정 간격을 유지하며 자신들만의 음악을 연주하는 버스커들이 이 거리를 특별하게 만든다. 음악만 있는 게 아니다. 행위 예술을 하는 예술가들도 종종 눈에 띈다. 이날은 한 행위 예술가가 색분필로 거리에 평화와 사랑의 메시지를 그림 그리듯 적어 내려가고 있었다.

한동안 내가 헤어나지 못했던 〈원스〉의 주제곡인 〈Falling Slowly〉를 부르는 버스커를 보자 기분이 묘했다. 영화 속 그곳, 그래프턴 거리에서 직접 버스킹을 들으니 영화가 현실이 된 것 같았다. 쇼핑에 열중한 관광객들이 내 곁을 지나가고 몇 미터 뒤에선 다른 버스커가 연주를 하고 있지만 전혀 신경 쓰이지 않았다. 그 공간에는 오로지 〈Falling Slowly〉만 흐르고 있었다. 그래프턴 거리의 마법이었다. 여전히 버스킹이 이어지는 그래프턴 거리에서 아쉬운 발걸음을 돌려 트리니티 대학으로 향했다.

트리니티 대학에 들어서자 다시 학생이 된 듯 설렜다. 1592년 엘리자베스 1세가 설립한 트리니티 대학은 아름다운 건축 양식과 넓은 캠퍼스 등으로 유명하다. 특히 약 500만 권의 책을 소장

버스킹의 성지

한 트리니티 대학 도서관은 줄을 서야만 입장할 수 있을 정도로 관광객에게 인기가 높다. 이곳에 전시된 개신교의 자랑 《켈스의 서》란 책은 무려 1,200년 전에 만들어졌다고 한다. 이 도서관에는 오래된 역사만큼 다양한 도서가 전시되어 있는데, 심지어 파피루스로 된 이집트 문서도 있다.

천천히 캠퍼스를 둘러보다가 예배당 앞 계단에 앉아 잠시 숨을 돌렸다. 오래 걷지도 않았으나 허리가 뻐근한 게 쉴 타이밍이었다.

트리니티 대학

오후 6시가 넘은 시간이었음에도 끊임없이 관광객이 들어왔고, 넓고 아름다운 대학 캠퍼스를 보며 감탄사를 내뱉었다. 나는 계단에 앉아 브라우니를 먹으며 느긋하게 대학 캠퍼스를 구경했다.

'이런 곳에서 공부하면 전 과목 A는 그냥 받겠는데?'

달콤하고 꾸덕한 브라우니가 뇌세포를 조종하고 있는 건지 말도 안 되는 허세가 꿈틀댔다. 요즘 들어 다시 공부하고 싶다는 생각이 들곤 했다. 아름다운 트리니티 대학 캠퍼스에 앉아 있으니 그 생각이 강해졌나 보다.

날이 어두워지면서 더블린 시내는 더욱 붐볐고 낮에 본 것과는 또 다른 종류의 활기가 넘쳤다. 때마침 금요일이라 길거리 펍은 퇴근한 직장인들로 가득 찼고, 본격적인 더블린의 '불금'이 시작되었다.

더블린을 한적한 시골 마을의 읍내 정도로 생각했던 나의 예상은 완전히 빗나갔다. 더블린은 쇼핑몰, 음식점, 카페와 펍으로 가득한 번화가다. 그렇다고 과장되게 화려하거나 관광객을 위해 인위적으로 만들어진 곳은 아니다. 천천히 쉬어갈 만한 '틈'이 있는 곳이다. 좁은 골목길 사이의 특색 있는 펍, 오크통에 걸터앉아 맥주를 병째 들이켜는 사람들, 유유히 흐르는 리피강, 그리고 잠시 멈춰 귀를 기울일 수밖에 없는 그래프턴 거리의 버스킹이 그 틈을 만들어준다.

더블린의 매력을 한눈에 알아보기는 어렵다. 언뜻 보면 평범한 유럽 관광도시의 풍경 같지만, 숨을 돌리고 본인만의 속도로 걷다 보면 '천천히 빠져'든다. 그리고 헤어나지 못하게 될 것이다. 내가 그랬던 것처럼.

다시 로마

이탈리아 로마

지난번 첫 로마 솔로 비행 때 크루 K가 나에게 말했다.

"트레비 분수에 동전을 던진 사람은 이곳으로 다시 돌아온대요. 그러니까 얼른 동전 던져요."

서둘러 리얄 동전을 찾았지만(동전은 카타르에서 실물가치가 제로에 가까워 전혀 쓸모가 없다) 나에겐 유로뿐이었다. 그렇게 트레비 분수에 무려 2유로 동전을 던졌던 나는 다시 이곳으로 돌아왔다.

로마는 뭐랄까, 내가 좋아하는 것들의 총집합이라서 오히려 가닥을 잡기 힘든 곳이다. 뷔페에 가면 항상 뭐부터 먹을지 우왕좌왕하는 것처럼 로마에 오면 무엇부터 해야 하고 무엇을 꼭 해야 할지 몰라 초조하다.

'이럴 때 리즈는 뭘 했더라?'

나에게 '파리 한 달 살기'의 영감을 준 《먹고 기도하고 사랑하라》의 작가 엘리자베스 길버트. 그녀는 살이 쪄서 한 치수 큰 청

바지를 새로 사는 한이 있더라도 맛있는 음식을 포기하지 않는다. 에스프레소와 케이크, 파스타, 1인 1판 피자 그리고 젤라토까지. 그래, 먹는 것이 주는 기쁨은 그 어떤 행복도 능가하는 법이지.

'그럼 젤라토다.'

슈퍼마켓보다 흔한 게 젤라토 가게인 로마에서 달콤하고 쫀득한 시작은 어찌 보면 당연했다.

성 베드로 광장을 첫 목적지로 정한 나는 무모하게도 '진실의 입'에서부터 걸어가는 방법을 택했다. 진실의 입은 나에게 진심 어린 충고를 했어야 한다. "그건 좀 힘들 거야"라고. 골목길을 누비던 나는 점점 지쳐갔다. 도대체 왜 걸어가려 했을까 후회가 몰려올 즈음 골목길이 끝나는 지점에 거대한 젤라토 모형이 나타났다. 유명한 집이건 아니건 뭐가 중요할까, 어느 곳에서 먹든 다 맛있을 텐데. 망설임 없이 가게로 돌진했다. 그리고 외쳤다.

"오레오랑 스트로베리 맛. 제일 큰 걸로!"

"위에 마카롱 하나 얹어줄까?"

"진짜? (혹할 뻔) 얼만데?"

"(활짝 웃으며) 프로모션 진행 중이라 1.50 유로야."

"(공짜인 줄 알았잖아) 아니야 괜찮아."

"근데 너한텐 50센트에 줄 수도 있어."

진한 쌍꺼풀을 연신 깜빡이던 잘생긴 이탈리아 총각의 달콤한 유혹에 넘어갈 뻔했다. 세상에, 관광지에서 공짜란 없다는 사실을 종종 잊어버리곤 한다. 조심, 또 조심해야 한다.

젤라토 콘을 들고 야금야금 아껴 먹으며 걸으니 28도 더위도, 피로도 사라져버렸다. 로마는 여전히 여름이었다. 주변 유럽 국가에선 초가을 버금가는 쌀쌀한 날씨에 옷깃을 세우고 머플러 칭칭 감고 돌아다니지만, 로마에선 다들 가벼운 옷차림에 생수병을 들고 다닌다. 손에 꼭 쥔 젤라토 역시 뜨거운 열기에 금방이라도 녹아내릴 듯 불안불안했다. 물론 녹기 전에 다 해치워버렸지만.

어느 도시를 가든 걷는 것을 좋아한다. 그러나 최근 들어 몸이 고장 났는지 조금만 서 있어도 허리가 저리고 무릎이 아팠다. 그래도 걷기를 포기할 순 없다. 로마의 돌바닥은 걷는 데 힘은 들지만 콘크리트 바닥과 다른 재미가 있다. 호텔 도착 후 짐만 풀고 나온 데다가 이전 비행에서 연달아 갤리를 맡아 그런지 허리 상태가 영 별로였다. 잠시 길가 난간에 엉덩이를 붙이고 쉬었다가 성 베드로 광장으로 향했다.

저 멀리 햇살을 머금은 성 베드로 대성당이 보였다. 하얀 대리석에 반사된 햇빛 때문에 제대로 눈도 뜨기 힘들었다. 나의 부족한 어휘력으로는 광장의 신성한 기운을 도저히 표현할 방법이 없다. 세상에서 가장 작은 나라 바티칸시국. 고대 혹은 중세 시대의 성당과 종교적 건축물, 성경에서 영감을 받은 회화 및 조각 작품 등. 눈앞에 펼쳐진 아름다움은 종교적인 믿음과 상관없이 누구에게나 감동을 준다. 바티칸 투어를 하고 싶었지만 어정쩡한 이착륙 시간 때문에 오전과 오후 투어 모두 참여할 수 없었다. 아쉬운 대로 성 베드로 광장을 보는 것에 만족해야 했다.

성 베드로 광장 한쪽에서는 바티칸에 입장하려는 수많은 관광객이 장사진을 쳤고, 다른 한쪽에서는 그에 정비례하는 인원이 퇴장하고 있었다. 〈최후의 심판〉, 〈천지창조〉, 〈라오콘〉을 실제로 보면 어떤 기분일지 애가 탔지만 또다시 다음으로 미뤄야 했다. 그래도 이번에는 입구까지 왔으니 다음번엔 문턱을 넘을 수 있겠지.

산탄젤로성의 시선, 바티칸의 빛

아까는 성 베드로 광장에 발 한 번 디뎌보자고 급히 지나쳤지만, 빠뜨리면 아쉬운 건축물이 있다. '천사의 성'이란 뜻의 산탄젤로성이다. 마치 바티칸시국으로 향하는 곳을 천사가 지켜주듯 바티칸과 아주 가까운 곳에 자리 잡고 있다. 산탄젤로성은 139년 로마제국의 하드리아누스 황제가 세운 가문의 무덤이었다. 로마제국 멸망 이후 로마 교황청이 성곽 요새로 사용했으며, 푸치니의 오페라 〈토스카〉 3막에서 여주인공이 뛰어내린 장소이기도 하다. 달팽이관 같은 계단을 빙빙 돌아 위로 올라가면 금빛 천사가 굽어

보는 망루에 도착한다. 천사의 환대를 받으며 로마 시내를 내려다볼 수 있는 곳이 또 어디 있으랴.

로마에서는 대중교통보다 걷는 게 더 효율적이다. 우연히 발견하는 아름다움은 걷는 거리와 비례한다. 산탄젤로성 앞에 흐르는 테베레강을 건너 15분 정도 걷다 보면, 오벨리스크와 정교한 분수대 조각이 인상적인 나보나 광장이 나온다. 근처에 판테온이 있다. 처음 로마에 왔을 때는 너무 늦은 시간이라 판테온 입장이 끝나버려 밖에서 보는 걸로 만족했지만, 이번에는 다행히 안쪽까지 들어가 볼 수 있었다.

판테온은 '모든 신을 위한 신전'이란 뜻이다. 하드리아누스 황제 때 고대 로마 신들에게 바치는 신전으로 건립되었고, 로마에서 가장 오래된 돔 구조 건축물이라고 한다. 판테온은 한눈에 봐도 딱 신전처럼 생겼다. 그 고대 신전을 자동문이 달린 현대식 건

성 꼭대기, 대천사 미카엘

축물과 유명 브랜드 상점들이 둘러싸고 있어서 흥미로웠다.

판테온의 돔 천장 정중앙의 원형 구멍에서 한 줄기 빛이 쏟아져 내려 어두운 신전 내부를 비추고 있었다. 판테온 바닥에서 천장의 원형 구멍까지 높이와 돔의 지름이 43.3m로 동일하다고 한다. 어디선가 "폭우가 쏟아져도 판테온 천장 구멍에는 절대 비가 들어오지 않는다"라는 글을 본 적이 있는데, 마침 내 옆을 지나던 가이드의 설명을 엿들은 결과 "그런 건 다 거짓말"이란다. 단지 관광객을 끌기 위한 얘기일 뿐, 신전 바닥에는 물이 찼을 때를 대비해 배수구까지 마련되어 있다는 것이다. 하긴 폭우가 쏟아지는데 빗방울 하나 들어오지 않는다는 건 말이 안 된다. 판테온 안을 가득 채우고 있는 관광객들의 나지막한 대화 소리가 바로 귓가에서 울렸다.

나보나 광장에서 판테온, 트레비 분수와 스페인 광장까지 슬슬 걸어 올라가는 코스가 제일이다. 이미 내 다리가 내 다리 아닌 듯 느껴질지라도 조금만 걸으면 판테온, 조금 더 걸으면 트레비 분수가 나오기 때문에 걸을 수밖에 없는 마성의 코스다. 아무리 힘들어도 동전을 던지기 위해서 트레비 분수까지는 가야 했다. 그래야 다시 로마에 돌아올 수 있을 테니까.

지난번 어두운 밤에 트레비 분수를 보고 웅장하다는 느낌을 받았는데, 환할 때 다시 보니 영화 〈로마의 휴일〉 속 장면이 새록새록 떠올랐다. 내가 던진 2유로는 저 안에 잘 있겠지? 이번에는 일부러 온갖 동전을 챙겨왔다. 헝가리의 포린트, 체코의 코루나, 카타르의 리얄, 한국의 원까지 종류별로 하나씩 동전을 던지면서 곧 다시 올 수 있기를 바랐다. 동전을 너무 많이 던진 것 같아 내 친김에 소원까지 빌었다.

'내일 비행이 만석이 아니었으면 좋겠어요.'

첫 로마 비행 때, 나를 이끌어준 크루 K를 따라 디저트 카페 폼피의 달콤한 감동을 처음으로 맛봤더랬다. 그때의 기억은 더위와 피곤에 지친 내 두 다리를 움직이게 만들었다. 트레비 분수에서 동전을 던지며 허리가 아파 더는 못 걷겠다 싶었는데, 폼피의 티라미수를 건너뛰고 로마를 떠날 순 없었다. 티라미수 명가 폼피는 이미 한국인에게도 널리 알려져 있어서인지, 직원이 나를 보자 한국어로 말했다.

"안녕? 티라미수 두 개에 8유로예요."

이어서 구매하는 모든 고객에게 "숟가락은 안에 있어요(Spoon is inside)"라고 기계처럼 한마디 하는 할아버지의 얼굴이 낯익었다.

"바로 먹을 거야? 이건 최대 20분이야. 그 안에 먹어야 해."

하나는 포장해서 호텔에 가져가고 싶었던지라 잠시 망설이는 사이 할아버지가 얼려놓은 티라미수에 베리 콩포트를 크게 네 번이나 떠서 올려주며 덧붙였다.

"딸기 맛은 꽝꽝 언 걸로 줄게, 가서 먹어!"

처음 로마에 왔을 때처럼 숟가락으로 티라미수를 떠먹으며 스페인 광장 쪽으로 걸어갔다. 그때도 이렇게 어두웠지. 크게 푹 떠서 입 안에 넣고 천천히 녹여 먹는 티라미수는 행복의 맛이다. 스르륵 사라지는 달콤한 부드러움이 아쉽기만 했다.

로마가 좋다. 도시 전체가 살아 움직이는 문화유산이라서, 맛있는 것 천지라서, 내가 좋아하는 작가가 사랑하는 도시라서. 밤이 되면 유독 고요해지는 로마 시내에 왠지 모를 허망함과 쓸쓸함이 감돌았고, 나의 기분도 덩달아 오묘해졌다. 패망한 국가의 옛 영광과 찬란했던 과거가 현재의 로마를 먹여 살린다니, 역시 인생은 알 수 없다. 스페인 광장을 거쳐 동전이 잠들어 있는 트레비 분수를 지나 버스 정류장까지 되돌아왔다. 다시 로마에 되돌아올 수 있을까.

경험 컬렉터가 여행하는 법

밤 비행이 좋은 이유

대학생 때 내가 해외로 나갈 수 있는 유일한 방법은 '검색'이었다. 틈날 때마다 ○○학생 콘퍼런스, ××국제회의, △△봉사 등 비행기 값은 물론 숙소까지 지원해 주는 해외 활동을 검색했으며, 강의와 강의 사이에 지원서를 작성하고 메일을 보내는 게 하루 일과였다. 다른 학교 게시판까지 뒤져가며 신청할 수 있는 모든 활동에 지원한 결과, 적어도 1년에 두 번 정도는 비행기를 탈 수 있었다.

잘 알려지지 않은 활동이나 이제 막 생긴 1회 차 행사의 경우 내가 유일한 한국인이란 이유로 '한국 대표'라는 꼬리표를 달고 참여한 적도 있었다. 대부분의 활동은 각 나라의 수도나 유명 관광지가 아닌, 이름조차 낯선 곳에서 진행되었기 때문에 혼자선 가기 힘든 곳을 여행하는 행운도 누렸다. 그래서 필리핀과 인도네시아도 수도에서 멀리 떨어진 지방을 먼저 방문했다.

그때 처음으로 밤 비행기를 타봤다. 인도네시아 자카르타로 가는 가루다 항공의 늦은 밤 비행기였다. 감기 때문인지 떠나기 이틀 전부터 심하게 아파 몸을 가눌 수 없는 지경이 되었다. 온몸이 떨리고 오한이 들었다.

"이대로는 안 되겠다. 그냥 포기하고 쉬어라."

엄마, 아빠의 만류를 뒤로한 채 기어코 인천국제공항 출국장에 들어섰다. 종합 감기약, 지사제, 두통약 등 온갖 약을 챙겨 탑승했다. '지금 아니면 언제 가볼 수 있을까' 하는 마음에 절대로 포기할 수 없었다. 후들거리는 다리를 겨우 움직여 비행기에 몸을 실었고 그대로 잠이 들었다.

승무원이 깨워 일어나 보니 식사 시간이었다. 땀을 너무 흘려 허기진 나머지 쟁반까지 먹어치울 기세로 식사를 끝냈다. 그 후 감기약을 먹고 다시 잠들었다. 담요를 턱 밑까지 끌어올린 채 한참을 자다 일어나 비척비척 화장실을 다녀오는데 누군가 슬며시 내 팔을 잡았다. 승무원이었다. 뒤쪽에 간식이 준비되어 있으니 심심하거나 배고프면 먹으라고 했다. 내 얼굴이 엄청 안돼 보이긴 했나 보다. 어쨌든 친절한 승무원이 건넨 '칙촉' 쿠키는 꿀맛이었다. 유명 제과점에서 파는 개당 5천 원짜리 고급 쿠키보다 훨씬 맛나게 느껴졌다. 그러고는 또 잤다. 승무원이 깨우면 일어나 굿나잇 스낵을 받아먹고 다시 잠에 빠졌다.

얼마나 지났을까. 겨우 눈꺼풀을 들어 주위를 둘러보니 닫힌 창

인도네시아, 족자카르타, 보로부두르 사원

문 틈으로 슬며시 오렌지색 빛이 새어 들어오고 있었다. 아침이었다. 후들후들 떨며 비행기에 탔던 나는 개운한 몸으로 다시 태어났고, 마치 열병을 앓다 싹 나은 아이처럼 씩씩하게 입국장을 걸어나갔다. 기다리던 일행을 만나 또다시 밴으로 갈아타고 5시간 걸려 반둥이란 지역에 도착했다. 미지의 세계에 발을 내민 첫 느낌은 무더운 여름날 '탱크보이' 아이스크림을 한 입 쭉 빨아들였을 때처럼 달콤하고 시원했다. 이후 반둥과 족자카르타 지역에서 보낸 하루하루는 즐거운 모험의 연속이었고, 이 모든 것이 고통을 무릅쓰고 밤 비행기를 탄 덕분으로 여겨졌다.

밤 비행기를 처음 맛보고 나니 이것이 과연 우연인지, 내가 밤 비행기형 사람인 건지 확신이 필요했다. 그래서 얼마 뒤인 2월, 대만으로 향하는 밤 비행기에 몸을 실었다. 타이베이에 살고 있는 남자 친구를 만나러 가는 길이었다. 이번엔 '어쩌다'가 아니라 '일부러' 밤에 출발하는 비행기를 끊었다. 가장 싸기도 했고 '밤 비행기'라는 사실도 마음에 들었다. 또다시 나를 행운으로 이끌어줄 것 같았다.

아주 늦은 밤 비행으로 기억한다. 잠은 오지 않았다. 좁아터진 이코노미 좌석에 앉아 소용돌이치는 감정이 설렘인지 그리움인지 두려움인지 정의 내리지 못한 채 타이베이 국제공항에 도착했고, 마침내 자동문을 나서자 남자 친구의 모습이 한눈에 들어왔다. 꽤 오래전 일인데도 오른편에 서서 어색하게 손을 흔들던 그의 모습이 뚜렷하게 기억난다. 밤 비행기를 타고 날아가 결국 남은 것은 행복과 사랑이었다. 그리고 확신했다.

'밤 비행기와 나는 찰떡궁합이구나.'

지금은 피곤에 찌들어 비행기를 탔다 하면 곯아떨어지기 일쑤지만 그때만 해도 체력이 남아돌아 눈이 말똥말똥했다. 그래서 책도 읽고, 글도 쓰고, 음악도 듣곤 했다. 어쩐지 비행기만 타면 집중이 더 잘됐다. 남들은 자고 있을 시간에 새로운 곳으로 떠나는 비행기 안에서 책을 읽을 때면 나에게만 특별히 48시간짜리 하루가 주어진 느낌이었다. '생산적인 것'에 목을 매던 시절이라

그것만큼 뿌듯한 행위도 없었다. 승무원이 되기 훨씬 전부터 나만의 밤 비행은 시작된 셈이다.

비행이 '일'이 된 후로는 좀 다른 이유로 밤 비행이 좋았다. 일단 밤 비행은 고요했다(대부분 그랬다). 승객들은 잠이 들고, 주변은 어둠 속에 가라앉았다. 오로지 조종실과 갤리만 빛났다. 아무도 호출 벨을 누르지 않았고, 신경질 부리거나 무리한 요구로 크루를 괴롭히지 않았다. 승무원들끼리 우스갯소리로 "최고의 승객은 탑승하자마자 잠들었다가 착륙 후 깨어나는 사람"이라는 말을 한다.

물론 고요하다는 이유만으로 밤 비행이 좋았던 것은 아니다. 밤 비행 업무가 익숙해지면서 남들은 하지 못할 귀한 경험도 했다. 밤을 넘어 새벽 비행을 할 때면 해와 달을 동시에 볼 수 있었다. 한쪽에선 찬란한 태양이 떠오를 때 다른 한쪽에선 뿌연 어둠 속 달이 공존하는 순간. 고요한 밤 비행이었다. 그럴 때면 신비로운 힘이 나를 지배하는 듯 착륙 후에도 피곤하지 않았다.

보통의 삶에선 밤이 되면 육체는 그대로 머물고 정신만이 꿈꾸던 상상의 세계를 여행한다. 하지만 밤 비행기 안에서는 나의 육체도 상상의 세계로 옮겨간다. 정신과 함께 말이다. 언제나 일탈을 꿈꾸던 그곳으로. 밤 비행기 안에서는 낮 동안 현실 세계에 머물던 나의 몸과 마음이—일탈을 꿈꾸던 마음까지도—하나가 되어 떠날 수 있다. 그래서 밤 비행이 특별하다.

승무원으로서 매일같이 여행을 떠나는 수많은 사람들을 맞이하며 항상 궁금했다.

'과연 저 사람들도 밤 비행을 좋아할까?'

혹시 그동안 밤 비행기를 피했다면 일부러라도 타보길 바란다. 육체가 정신을 따라가는 진귀한 경험을 해볼 수 있을 테니. 나는 인도네시아행 밤 비행기에서 씻은 듯이 나았고, 대만행 밤 비행기에선 감정의 소용돌이를 거쳐 사랑하는 사람을 만날 수 있었다. 이후 수차례 밤 비행에서 해와 달을 동시에 마주했고, 신비로운 밤의 기운을 경험했다. 이것이 아주 오래전부터 밤 비행을 좋아했던 이유다.

여행 대신 경험을 수집합니다

어릴 때 경험이 중요하다고들 한다. 언어를 구사하기 이전 유아기에 보고, 듣고, 느낀 모든 것이 한 사람을 구성하는 요소가 된다고 하니 커서는 기억도 못 할 그 경험이 중요한 셈이다. 지금의 나, 여행을 좋아하다 못해 목매는 나 역시 그러한 경험의 산물이다. 물론 나는 기억이 가물가물하지만, 어쩌다 여행 이야기가 나올 때마다 "네가 여행을 얼마나 많이 다녔는데"로 시작하시는 우리 엄마 '조 여사님' 말씀에 의하면 엄청나게 여행을 다닌 게 틀림없다. 어린아이에게 취향이란 게 있을 리 만무하니 그 시절 모든 것은 부모님의 취향이었으리라. 엄마, 아빠 모두 새로운 것에 대한 두려움이 없는 편이라, 어린 나는 종종 낯선 것에 대한 거부감을 숨기고 대범한 척해야 했다. 뭐, 덕분에 겁을 상실하고 진짜 도전을 즐길 줄 아는 어른이 되었으니 부모님께 감사드린다.

'여름 = 피서 = 바다'라는 공식에 충실했던 우리 가족은 매년 바다를 찾아 떠났더랬다. 주로 동해안으로 피서를 갔다. 당시 민박집을 잡으러 뛰어다니던 아빠의 뒷모습과, 저녁이면 민박집 마당에 돗자리를 펴놓고 어둠 속에서 함께 스테이크를 구워 먹던 모습이 생각난다(스테이크는 여름 여행을 더욱 특별하게 만들어주는 장치였다). 그 당시 길어봤자 3일 혹은 4일의 짧은 숙박을 위해 챙긴 짐은 흡사 피난민 수준이었다. 아마도 작은 이불까지 챙겨갔을 것이다.

내가 기억하는 최초의 여행은 열 살 때 속초 여행이다. '작은 사고' 덕분에 제법 선명하게 그 해 여름이 떠오른다. 나는 한참을 물속에서 놀다가 잠시 모래사장으로 나와 쉬는 중이었고, 동생과 아빠는 잔잔한 바닷물에서 튜브 놀이를 하고 있었다. 그런데 아빠가 동생의 튜브에서 잠시 손을 뗀 순간 느닷없이 파도가 들이닥쳐 튜브를 뒤집어버렸다. 그 바람에 동생은 말 그대로 하늘과 땅이 뒤바뀌는 경험을 했다. 인생 첫 공포를 겪은 동생은 한동안 바닷가 트라우마가 생겨, 여행을 가도 바닷물에는 들어가지 않았다. (나는 거꾸로 매달린 동생의 두 다리가 웃겨서 깔깔거렸는데, 지금 생각해 보니 어린아이가 얼마나 무서웠을까. 미안하다 동생아.)

그 후로 나는 동해와 서해도 가고, 산과 계곡도 갔다. 매년 공식적인 가족 여름 여행 한두 차례와 더불어 그 외 모든 여행과 나들이의 기억이 차곡차곡 쌓여 지금의 내가 탄생한 것이리라.

첫 '혼행', 즉 내가 처음으로 혼자 여행한 것은 열아홉 살 겨울이었다. 수능이 끝나고 헛헛한 마음에 그냥 무작정 떠나고 싶었다. 난생처음 혼자 숙소를 알아보고 기차표도 끊었다. 고민 끝에 결정한 첫 여행지는 부산이었다. 추운 겨울, 배낭 하나 들쳐 메고 떠난 여행은 당연히 실수투성이였다. 예약한 게스트하우스를 찾지 못해 몇 시간을 빙빙 돌았고, 맛집이라며 찾아간 곳은 입맛에 맞지 않았다. 첫 여행을 마치고 집에 들어섰을 때 엄마가 현관까지 나와 맞아주며 건넨 인사말이 기억난다.

"딸, 안 씻었니? 냄새난다."

익숙한 공간에 들어섰을 때 느낀 안도감과 반가움은 여행이 어땠는지 하는 것과는 별개의 감정이었다.

지금과 사뭇 다른, 순수한 초보 여행자였다. 지금은 일단 짐 싸는 것부터 귀찮고, 여행 후 현관에 들어서면 쌓인 빨래와 미뤄둔 일을 처리할 생각에 한숨부터 나온다. 어쨌든 열아홉 살, 나의 혼행 역사가 시작되었다.

첫 해외여행은 2013년 여름이었다. 기억나는 건 일본 후쿠오카 시장의 작은 식당에서 먹은 참치회덮밥이다. 본고장에서 먹은 참치회 맛은 남달랐다. 쫄깃하고, 달달하면서 고소한 그 맛이란. 첫 해외여행에서 운 좋게 맛이 주는 즐거움을 알게 된 것이다. 맛집 찾기 성공으로 자신감이 붙은 나는 3일 내내 '뚜벅이'답게 참 많이 돌아다녔다. 대형 쇼핑몰 캐널시티도 가보고, 일본 드라마 속 청춘들이 자전거를 타고 누빌 법한 골목길도 걸었다. 쓰타야 서점에 앉아 밤늦도록 커피를 마시며 책을 읽었고, 없는 거 빼고 다 있다는 잡화점 돈키호테에서 신나게 카트를 끌며 지인들에게 선물할 과자도 한 무더기 샀다. 그날 밤 호텔방에서 맛본다는 핑계로 다 먹어버렸지만 말이다.

후쿠오카 시장의 참치회 맛을 못 잊은 나머지, 그다음 해 동생과 함께 여행 갔을 때도 같은 식당을 찾아가 메밀소바와 참치회덮밥을 먹었고 그 후 야쿠시마 여행 때도 일부러 그곳까지 찾아갔다. 개인 사정으로 식당을 폐업했다는 얘기를 듣고는 내 첫 여행의 중요한 페이지가 찢겨나간 것 같아서 너무 슬펐다. 후쿠오카 여행은 사진 한 장 남아 있지 않지만, 오랜 시간이 지난 지금도 여전히 나의 기념할 만한 첫 해외여행이자 맛있는 참치회덮밥의 추억으로 남아 있다.

이후 나의 모든 여행에는 목표가 있었다. 막연히 일상을 벗어나고 싶어서 적당한 여행지를 고른 뒤 유명 식당에 찾아가 인기 메뉴를 주문하고 관광 명소를 방문하는 것은 내 스타일이 아니었다. 내 여행엔 테마가 필요했다. 여행 잡지에서 본 사진 한 장에 반해 여행지를 정했고, 크리스마스 퍼레이드를 보기 위해 여행을 떠났다. 또 영화 속 장소에 직접 가보고 싶다는 열망에 취해 여행을 떠나기도 했다. 그렇게 오사카 유니버설 스튜디오에서 하늘을 나는 천사들을 보았고, 애니메이션 〈원령공주〉 속 사슴신이 살고 있는 야쿠시마를 다녀왔으며, 애니메이션 〈센과 치히로의 행방

자마미섬, soulmate

불명〉 속 온천과 빼닮은 대만의 지우펀에도 다녀왔다.

여행의 모티프는 점차 개인적인 '경험'으로 집중되었다. 그 도시에서만 할 수 있는 일 혹은 그곳에서 했을 때 더 의미 있는 체험에 집착하게 된 것이다.

"뭐 거기까지 가서 그런 걸 해, 하여간 유별나다."

경험을 강조하던 초기에는 이렇게 눈총을 받기도 했다. 그런데 지금은 여행을 떠나는 모두가 경험에 집중하는 시대가 되었다. 이런 추세에 발맞춰, 세계 최대 숙박 공유 서비스인 에어비앤비는 단순 숙박에서 벗어나 경험 영역을 새롭게 개발·확장하고 있다. 에어비앤비 호스트와 함께하는 브런치 만들기, 골목 투어, 와인 시음회 등 꽤나 흥미로운 경험 기회가 많다. 나는 에어비앤비에서 해당 서비스를 런칭하기 이전부터 이미 개인적으로 낯선 도시를 직접 경험하는 여행을 실천해 왔다고 자부한다.

시작은 '원정 발레'였다. 도쿄에서 배우는 취미 발레. 애초에 도쿄에 가고 싶었던 이유는 딱 하나, 디즈니랜드 때문이었다. 총을 쏘면 쓰러지는 시늉을 한다는 우디도 보고 싶고, 펑퍼짐한 드레스를 입은 디즈니 공주들과 사진도 찍고 싶었다. 그런데 문제는 발레였다. 본격적으로 취미 발레를 시작한 뒤 여행 일정을 짤 때면 언제나 발레가 마음에 걸렸다. 취미 발레에 중독된 사람들만 이해할 수 있는 '금발' 상태로, 일종의 발레 금단 현상 같은 거다.

'여행을 이렇게 길게 가면 수업을 1주일이나 빠져야 되네. 그럼

몸도 굳고 동작도 다 까먹을 텐데….'

흡사 전공생과 맞먹을 열정이다. 디즈니랜드는 가야겠고 발레도 빠질 순 없는데 어찌해야 하나, 고민을 거듭한 결과 나온 해결책.

'그래, 그럼 도쿄에 가서 발레 수업을 받자.'

도쿄 시부야에 차코트(Chacott)라는 발레용품 전문점이 있다. 슈즈, 발레복, 기타 액세서리 등을 파는 곳인데 발레 스튜디오도 함께 운영한다. 아래층에선 발레복을 구매하려는 고객들, 위층에선 수업을 받으려는 사람들의 발걸음이 이어진다.

1회 수업 쿠폰을 끊고 스튜디오에 들어선 순간 나는 놀라서 벌어진 입을 가려야 했다.

'내가 지금 발레 수업을 받으러 온 거 맞지?'

열 명 남짓한 수강생들은 나이가 제각각이었다. 머리가 하얗게 센 할머니부터 고등학생으로 보이는 청소년까지. 나이와 상관없이 체형이 그대로 드러나는 레오타드와 타이즈를 갖춰 입고 머리카락 한 올까지 묶어 올린 모습에서 진지함이 느껴졌다.

'아무리 취미 발레가 대중화되었다 해도 할머니 수강생이라니, 게다가 저렇게나 진지한 표정으로.'

수업이 끝난 후 내 앞에 있었던, 가장 연장자로 보이는 수강생이 자연스럽게 다가왔다.

"어디서 왔나요?"

파리, 오랑주리 미술관,
예술가

"아, 저는 한국에서 왔어요."

"어머 그래요? 나도 예전에 서울에 가봤어요. 수업은 어땠나요?"

"너무 즐거웠어요."

감격에 겨운 나머지, 새로 산 발레복을 스튜디오에 두고 온 것조차 눈치채지 못했다. 진짜 발레리나처럼 완벽하게 갖춰 입은 레오타드 복장과 진지한 표정, 넓고 높은 홀. 시부야 차코트 스튜디오의 생경한 풍경은 눈부신 추억으로 남았다.

여행지에서 얻는 경험은 단발성으로 그치는 게 아니다. 한 사람의 현재 모습이 과거의 경험으로 구축된 것이라면 그 사람의 미래는 현재의 경험으로 채워질 테니까. 시간이 흘러 뿌옇게 변해버린 과거는 특정 경험과 관련된 기억을 통해 되살아나기도 한다. '내가 도쿄에 언제 갔더라? 가서 뭘 했지? 발레 했었잖아' 또는 '시부야에서 쇼핑도 했었지'와 같이.

경험은 기억의 매개체인 동시에 촉매제다. 파리에서 크루아상을 구워보고, 발리에 가서 요가 수업을 받고, 교토에서 기모노 차림으로 신사를 구경하고, 또 밀라노에서는 바리스타 체험을 해보자. 자신의 여행 취향이 보일 것이다. 이것은 내 피부색이 웜톤인지 쿨톤인지 파악하는 것만큼이나 중요하다. 나에게 맞는 여행을 찾고 나서야 비로소 내가 누군지 알게 되기 때문이다.

경험 컬렉터의 역사

오래전부터 '모으는 행위'에 꽤 집착해 왔다. 처음에는 단순한 관심으로 수집을 시작했는데, 차츰 그 과정 자체에 흥미를 느끼게 되었다. 무채색 일상에 하나둘 색이 번지면서 내 삶이 인상파 그림의 화려한 색채로 채워지는 듯했다. 종이책을 모으기도 했고, 오로지 원피스만 사들이기도 했으며, 쫀득한 마카롱에 빠져 마카롱 맛집을 찾아다니기도 했다. 쇼핑 카트에 담을 때 기분 좋고, 카드를 긁을 땐 신이 났으나 항상 그 끝이 찝찝했다. 책 더미가 책장에 그대로 꽂혔고, 사들인 옷은 장롱에 처박혔으며, 먹어치운 마카롱은 허벅지에 붙어버렸다.

나의 수집벽에 어떤 문제가 있는지 곰곰이 생각해 본 결과, 내가 열광한 것은 유형의 물질이 아니라 무형의 경험임을 깨달았다. 이른바 '경험 컬렉터'였다. 가령 종이책을 모은다고 치자. 그러면 어디에 괜찮은 서점이 있는지 알아보고 그곳을 찾아가며 본 풍경, 서점의 독특한 진열 방식, 또 둘러보다 마음에 드는 책 한 권을 만났을 때의 환희 등, 구매하기까지 전 과정이 열광의 대상이었다.

"플리에(Plié), 내려가되 작아지지 않아요. 빠르지도 너무 느리지도 않게, 마치 위에서 누가 잡아당기듯이 천천히 내려갑니다."

발레 동작 중에서 '플리에'를 가장 좋아한다. 플리에는 발레 바를 잡고 시작하는 발레 수업의 첫 번째 동작으로, 프랑스어 'plier(구부리다)'에서 유래했다. 1번, 2번, 4번, 5번, 발 위치를 바꿔가며 플리에, 그랑 플리에로 천천히 근육을 풀어주고 정신을 집중한다. 처음 배울 때는 스쿼트 하듯 내려갔다가 올라오기만 했는데, 동작의 의미와 원리를 깨닫고 나니 점점 '내려가되 작아지지 않는' 모양새가 갖춰졌다.

처음 들으면 모순된 설명이 아닐 수 없다. '어떻게 내려가는데 크기가 작아지지 않을 수 있어?' 플리에는 무릎을 구부리는 동작이지만 그 무게까지 함께 내려가는 것은 아니다. 아래로 내려갈수록 무게는 위로 올라간다. 이 내려가되 작아지지 않는 동작에 반해 본격적으로 발레에 빠져들었다. 진짜 발레리나가 하는 플리에는 단순한 동작임에도 물속을 천천히 유영하는 것처럼 아름답다.

눈이 오고 비가 와도, 공짜 술로 누군가 나를 유혹해도 발레 학원은 절대 빠지지 않았다. 조금 과장하자면 서울에서 직장을 다닐 때는 발레 학원에 가기 위해 출근할 정도였다. 6시 '칼퇴'를 불사하고 학원으로 달려가 옷을 갈아입은 뒤 몸을 풀었고, 이미지 트레이닝을 하며 수업을 기다렸다. 발레는 나를 설레게 했다. 걷잡을 수 없이 발레에 빠져들면서 더 깊이 알고 싶고, 더 잘하고 싶어서 점점 초조해졌다. 취미로 하는 발레, 공연을 보며 즐기는 발레 이상을 원했다. 아마 한 가지에 깊이 빠져본 사람이라면 대부분 비슷한 경험이 있지 않을까 싶다. 프로가 될 건 아니지만 좋아하는 만큼 더 잘하고 싶고, 어떻게든 깊게 파고들고픈 열정 말이다.

고민하던 중 이화여대 평생교육원에 개설된 유아발레 지도자 과정을 알게 되었다. 비전공자도 참여할 수 있었고, 문화센터나 유치원 등에서 진행되는 유아 영어발레 지도자를 양성하는 수업이었다. 이거다 싶어 그날로 등록했다. 다시 대학교 때로 돌아간 것처럼 한 학기 동안 수업 참관도 하고, 직접 교안도 짜고, 수업 시연까지 했다. 사실 유아발레 지도자가 될 계획은 없었지만, 경험 컬렉터로서 취미를 색다른 방법으로 즐길 수 있었다.

경험 컬렉터의 또 다른 장점은 다른 사람의 열정을 훔쳐볼(?) 수 있다는 것이다. 발레 학원을 다닐 때 주변은 온통 발레 중독자들이었다. 그들은 레오타드와 랩스커트를 수집했다. 슈즈도 여러 브랜드에서 구매해 자신의 발에 맞는 것을 찾아나갔고, 매일 수업을 받느라 뭉친 근육을 풀 수 있는 장비도 사 모았다. 심지어 한국에 들어오지 않은 브랜드를 공동 구매하거나, 주문 제작이 가

자마미섬, 여행 흔적 남기기

능한 브랜드를 알아내기도 했다. 그들의 열정에 반해 더 열심히 그리고 즐겁게 발레를 배우러 다녔다.

흥미롭다는 이유로 시작한 경험은 눈덩이처럼 커져 세포 구석구석을 자극했다. 신선한 자극은 때론 열정을, 때론 승부욕을 건드렸다. 무언가를 경험하고 수집하는 일은 이제 버릇에 가깝다.

폴댄스도 해보고, 바이올린도 배웠으며, 실내 암벽등반에도 도전했다. 사랑하는 이에게 직접 만든 선물을 주고 싶어서 꽃꽂이와 제과제빵 원데이 클래스에도 참석했고, 매일 아침 맛있는 커피를 마시기 위해 핸드드립도 배웠다. 여행을 다니며 새로운 음식이나 건물 또는 사람을 만나 눈을 뜨듯, 새로운 경험을 모으며 성장할 수 있다고 믿었기 때문이다. 핸드드립 원데이 클래스를 듣고 온 후 한동안 아침에 알람 없이 일찍 일어나곤 했다. 그라인더에 떨어지는 원두 소리와 집 안 가득 퍼지는 원두 향, 적당한 온도의 물을 돌리듯 부으며 커피를 내리는 행위 등이 불러온 기대감이 아침잠을 이겨낸 것이다.

나를 잘 아는 지인들은 이렇게 안부 인사를 건네곤 한다.

"요샌 뭐 배우냐?"

대충 "잘 먹고 다니니?" 같은 뜻이다. 나의 대답에 따라 반응은 두 갈래로 나뉜다. 그런 것도 있냐며 흥미를 보이거나, 그런 것도 있냐며 어이없어 하거나. "나 요새 한지공예 배워"에 대한 반응은 대부분 후자 쪽이었다. 한지공예는 말 그대로 우리 전통 종이로 공예품을 만드는 일이다. 손거울 같은 소품부터 경대나 책장 같은 가구까지, 두꺼운 종이로 뼈대를 만들고 페인트칠하듯 한지를 붙여 마감한다.

내가 다니던 한지공예 공방은 서촌에 있었다. 7~8년 전만 해도 서촌은 카페만 즐비한 지금과 달랐다. 동네 토박이가 사는 진짜 한옥이 골목골목에 자리 잡았고, 카페보다는 오래된 공방이 주를 이뤘다. 한지공예를 배운 이유의 8할은 그 동네가 좋았기 때문이다. 여느 때처럼 서촌 거리를 걷다가 들어간 한지공예 공방에는 어디서도 본 적 없는 가방이 전시되어 있었다. 앞면의 고풍스러운 전통 문양이 눈길을 끌었고, 전체적으로 은은하게 갈색빛과 금빛이 돌았다. 그 은은한 색감은 속도와 세기를 조절해 가며 한지를 두드려 검은색을 빼는 작업을 거쳐야 나오는 결과물이다.

한지공예의 세심한 작업은 집중력을 요했다. 특히 물로 희석한 염료를 묻힌 다음, 최대한 힘을 빼고 조금씩 두드리며 천천히 색깔을 빼는 과정은 발레의 플리에 동작을 연상시켰다. '두드리되 힘을 빼고 급하지 않게'. 단순히 가방에 반해 한지공예를 시작했는데 의외로 적성에 맞았다. 선생님께 "감각이 있는 것 같다"라는 칭찬도 들어가며 한지의 매력에 빠져들다 보면 1시간이 금세 지나갔다. 초급자 과정인 손거울과 수납장에서 시작해 원형 장식장과 휴지 보관함을 거쳐 마침내 원하던 가방까지 만들게 되었다. 한 달 이상 두드리며 색을 낸 끝에 세상에서 단 하나뿐인 나의 가방을 완성했다.

아무리 경험 컬렉터라 해도 상황이 여의치 않으면 유형의 물건을 수집함으로써 경험을 대신하기도 한다. 카타르 도하에 거주하며 승무원으로 생활하던 시기는 새로운 것을 배울 수 있는 환경이 아니었다. 그때는 호텔 볼펜을 수집했다. 사실 볼펜은 제2의 유니폼이나 다름없는지라 승무원 대부분이 볼펜 컬렉터다. 호텔

방의 테이블 위에는 언제나 호텔 로고가 박힌 볼펜과 메모장이 놓여 있다. 이는 호텔 측에서 무료로 제공하는 어메니티 중 하나다. 처음에는 실제 필요에 의해서 모으다가 점점 욕심이 났다. 볼펜은 어느 호텔에 묵었는지 기념하기 위한 수집품이자, 기억력이 약해진 나를 위한 일종의 '기록'이기도 했다.

"이전 비행 어디였어?"

"잠깐만, 나 볼펜 좀 보고."

기억이 바로 안 나면 쥐고 있던 볼펜에 새겨진 호텔 이름을 보고 유추했다.

"이게 맥도널드 호텔에서 가져온 볼펜이니까… 맨체스터네! 맞다, 거기에 마그마라고 독립 서점이 있는데 특이한 잡지 많더라."

아직도 호텔 볼펜을 몇 개 가지고 있다. 문득 볼펜에 새겨진 호텔 이름을 볼 때면 이 호텔이 어디에 있는지, 언제 비행을 갔는지, 내 머릿속 영사기가 돌아간다.

무관한 듯 보이는 일련의 경험들이 한데 섞여 나를 빛나게 한다. 뚜렷한 경계 없이 사용된 1차원적인 색이 모여 새로운 차원의 오묘한 빛을 만들어내는 점묘화처럼 경험도 마찬가지다. 나는 다양한 경험을 수집한 덕분에 나름 스텝을 밟을 줄 알고, 세상에 하나뿐인 한지 가방에 노트북을 넣고 다니는 여자가 되었다. 경험 컬렉터로서 나의 삶은 더욱 풍성해졌다.

이것은 실제 에펠탑 뷰입니다

결심만 하면 일사천리로 진행될 줄 알았던 '파리에서 한 달 살기'는 숙소 예약부터 망설임의 연속이었다. 온갖 휴가를 끌어모아 한 달 하고도 1일을 더 만들어냈다. 날짜를 정하고 나니 현실적인 문제가 기다리고 있었다.

장기 렌털을 위해 에어비앤비를 뒤지는데 '에펠탑'이란 단어만 들어가도 가격이 훌쩍 뛰어버린다. 예약 직전까지 갔다가 더 저렴한 곳은 없는지 다시 검색해 보기를 몇 차례. 겨우 마음에 드는 곳을 발견했다. "이것은 실제 뷰입니다"란 문구와 함께 대문짝만하게 "진짜 에펠탑 뷰"라고 써놓은 곳이었다. 신나게 스크롤을 내려가며 상세 설명을 읽어보고 결제하려던 순간 멈칫했다. 숙박 요금, 서비스 요금 및 각종 세금까지 합쳐 최종 결제 금액을 보니 고민하지 않을 수 없었다.

'이걸 예약해, 말아.'

햇수로 7년이다. 파리에서 한 달 살기는 대학교 3학년 때 불어불문학과로 전과한 이래 오랫동안 꿈꿔온 버킷 리스트였다. 금액을 보고 흔들리다가 에펠탑 주변에 더 저렴한 숙소는 없는지 다시 검색해 봤다. 최종 후보는 두 군데로 좁혀졌다. '에펠탑 뷰'를 자랑하는 조금 비싼 곳과, 에펠탑은 보이지 않지만 더 넓고 좋아 보이는 저렴한 곳. 결국 망설이다가 찜하기 버튼만 눌러놓고 출근했다.

"어차피 한 번 사는 인생이야. 하고 싶은 걸 하고 살아. 물론 이 기회가 나중에 다시 올 수도 있겠지. 그런데 말이야, 스물아홉 살의 여름은 지금뿐이야. 너에게는 다시 오지 않을 순간이라고."

지인들의 고민 상담을 들어줄 때마다 내가 했던 말이다. 그 말을 스스로에게 하고 있었다. 오랫동안 간직해 온 꿈을 고작 금전적인 이유 때문에 망설이다니. 안다. '고작' 돈이 아니다. 숙소 예약에만 월급의 절반 이상이 날아가는 중대한 결정이다. 퇴근 후 얼굴에 팩을 붙이고 다리의 붓기를 빼느라 벽에 기대고 누운 채, 무의미한 검색만 계속하다가 문득 이런 생각이 들었다.

'아니, 돈 벌어서 어디 쓸 거야? 이 돈 모은다고 집을 살 거야, 땅을 살 거야. 그냥 명품 백 질렀다고 생각하자.'

그렇게 에펠탑 뷰를 결제해 버렸다. 내 생애 가장 큰 지출 되시겠다.

우리는 매 순간 결정을 내리며 살아간다. 아메리카노냐 라테냐. 야식을 먹을 것이냐 다이어트를 할 것이냐. 여행을 떠날 것이냐 돈을 모을 것이냐. 어느 쪽을 선택해야 최소한의 기회비용으로 최대한의 만족을 얻을 수 있을지 계산한다. 현실과 이상 사이에서 고민하지만 대부분 현실에서 가장 실용적인 선택을 하게 마련이다. 마음속은 이상 밭인데 말이다. 그러고는 선택하지 못한 후보군을 못내 아쉬워한다. 만약 라테를 마셨더라면, 야식을 먹지 않았더라면. 이처럼 후회하느라 정작 내가 선택한 행복을 제대로 즐기지 못한다.

현실과 이상 사이의 적절한 균형은 매우 중요하다. 그렇지만 적어도 한 번쯤은 이상만 좇아도 괜찮지 않을까. 매일매일이 현실이라, 한 번 정도 이상을 따라도 현실은 전혀 섭섭해하지 않을 테니까.

"나를 행복하게 하는 일을 하면서 살 거야. 일이 취미가 되고, 취미가 일이 될 수 있는 것처럼."

어린 시절부터 나에게 '성공한 삶'이란 '행복한 삶'과 동의어였다. 돈 많이 벌고 빨리 승진하는 것보다, 내가 원하는 일을 하면서 꾸준히 발전하는 사람이 되고 싶었다. 이런 나에게 엄마는 한숨을 내쉬며 말했다.

"넌 너무 순진해. 도무지 현실을 모른다니까."

그런데 어떻게 된 영문인지 파리 숙소를 고를 때는 반대가 되어버렸다. 예약 확정을 받고 예약금의 절반이 빠져나간 날, 불안해서 콩닥거리는 가슴을 부여잡고 엄마에게 메시지를 보냈다.

"나, 파리 숙소 예약했어."

엄마는 정확히 이런 답장을 보내왔다.

"한 번쯤 그렇게 과감하게 하는 것도 좋은 거야(하트)."

세상은 그리 호락호락하지 않다며, 1년에 한 번 해외여행 가는 것도 큰 축복이자 행복이라던 엄마가 나의 '과감한 결단'을 칭찬해 주다니. 심지어 얼마였는지 물어보지도 않고 말이야.

파리에서 한 달 살기는 시작부터 험난했다. 니스와 아비뇽을 거쳐 파리에 도착한 날, 슈트케이스를 짊어지고 지하철 계단을 오르락내리락하기를 몇 차례(파리에서는 엘리베이터를 기대하지 말자). 드디어 9호선 트로카데로역에 내려 낑낑대며 슈트케이스를 끌고 숙소 철문 앞에 당도했다.

지금 생각해도 숙소는 참 요상한 구조의 아파트다. 물론 오래된 파리 건물이 거미줄 같은 구조로 되어 있다는 것은 이해하지만, 내가 예약한 스튜디오형 아파트는 현관문을 열기까지 통과한 문 종류만 네 개다. 무려 네 개! 다행히 숙소 건물에는 엘리베이터가 있어, 슈트케이스를 이고 구불구불한 계단으로 6층까지 오르는 불상사는 일어나지 않았다. 만약 그랬다면 슈트케이스를 분해해서 하나씩 던져버렸을 거다.

'그래, 이 문만 열면 에펠탑 뷰가 나를 기다리고 있는 거야!'

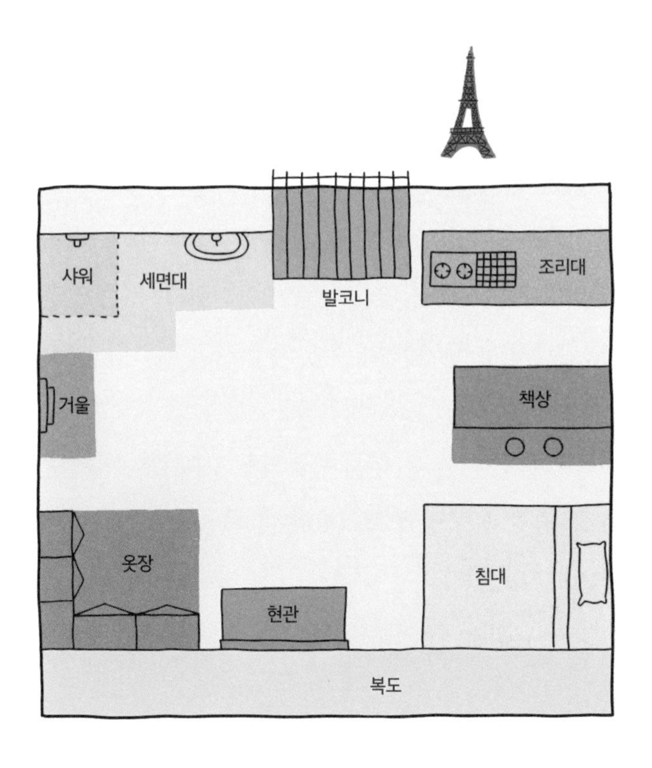

철컥. 객실 문을 연 순간 입이 떡 벌어졌다. 가장 먼저 눈에 들어온 것은 꿈에 그리던 에펠탑도, 노래 부르던 센강도 아니었다. 한쪽 귀퉁이를 차지하고 있는 흉물스러운 샤워 시설과 세면대였다.

'뭐지? 사기당한 건가? 아무리 스튜디오형이라도 저렇게 샤워 시설이 오픈되어 있을 리 없는데…. 게다가 너무 좁고 낡았잖아. 사진으로 봤을 때는 분명히 샤워실이 따로 있었던 것 같은데.'

파리의 '에펠탑 뷰' 스튜디오는 대충 위와 같다.

이제 와서 무를 수도 없고…. 다행히 호스트가 대대적으로 홍보했던 '에펠탑 뷰'는 사실이었다. 창밖으로 에펠탑과 맑은 파리 하늘이 보였다. 에펠탑은 사진보다 근사했고 가까웠다.

그날 밤 9시쯤이었던 것 같다. 장 봐온 걸 정리하느라 냉장고 앞에 쭈그려 앉았는데 갑자기 탄성이 들려왔다. 무슨 일인가 싶어 밖을 살펴보니 에펠탑이 반짝반짝 빛나고 있었다. 밤 11시까지 매시 정각 불이 켜진다는 에펠탑은 5분 정도 반짝거리고 잠잠해지더니 정확히 55분 후 다시 반짝거렸다. 낮의 에펠탑과는 분위기가 또 달랐다. 이렇게 화려했나 싶다가 홀로 빛나는 모습이 고독해 보이기도 했다.

'이 아름다운 광경에 익숙해지는 날이 오긴 할까?'

책상 겸 식탁으로 쓰는 기다란 테이블이 발코니 창문과 반대 방향에 놓여 있어서, 글을 쓰거나 밥을 먹을 때면 에펠탑을 볼 수 없었다. 불과 두 발자국 거리인데 말이다. 그래서 초반에는 밥을 먹다가 수시로 엉덩이를 떼고 에펠탑을 확인하러 갔다 오곤 했다. 그러다가 어느 날 저녁 깨달음이 찾아왔다.

'음, 의자만 가져오면 되잖아.'

의자를 옮겨와 창가에 앉으니 바로 눈앞에 에펠탑이 있었다. 밥을 먹다가 웃음이 비죽 새어 나왔다.

'아니, 왜 내 눈앞에 에펠탑이 있는 거야.'

충격적인 첫인상과 상쇄되는 에펠탑 뷰였다. 샤워 시설과 세면

대도 점점 익숙해지면서 불편하다는 생각이 아예 사라졌다. 에펠탑의 마법이다.

그나저나 애초에 왜 에펠탑이었을까? "상징이 없는 인간은 동물과 마찬가지다"라는 작가 올더스 헉슬리의 말처럼, 에펠탑을 본다는 것은 '나의 20대'를 상징한다. 프랑스어 발음이 듣기 좋아 무작정 불어불문학과로 전과할 만큼 열정 가득했던 대학 시절, 막연히 에펠탑이 보이는 곳에서 글 쓰며 사는 모습을 꿈꿨다. 10대 시절 수능이 끝나고 대학만 들어가면 새로운 세상이 열릴 거라고 기대했던 것처럼, 에펠탑이 보이는 곳에서 살면 뭔가 크게 달라질 것 같았기 때문이다.

이제는 안다. 에펠탑 근처에 살았다고 해서 인생의 터닝포인트를 맞이하는 것이 아님을. 하지만 오랫동안 목표한 바를 이뤘다는 감동, 그동안 내린 결정이 틀리지 않았다는 기쁨, 그리고 할 수 있다는 믿음이 나를 더 단단하게 만들었다. 누군가에게 인정받기 위해 열심히 사는 건 아니지만 가끔은 내가 걸어온 길이 맞는지 확인할 수 있는 무언가가 필요하다. 그것이 칭찬이든, 돈이든, 명예든 간에 말이다. 나에게는 에펠탑 뷰가 바로 그 확인이었다.

각기 다른 시간의 에펠탑

경험 컬렉터의 발레 사랑

내 취미는 발레다. 취미로 시작했다가 발레에 열광하는 중독자 수준까지 이르렀는데, 도하에 오면서 반강제로 그만두게 되었다. 해외여행을 가면 남들이 맛집을 찾듯 발레 학원부터 찾던 나로서는 고역이 아닐 수 없었다.

처음 만나는 사람들과 나누는 이야기는 대부분 출신, 취미, 사는 곳 등 주제가 정해져 있다. 그중 내가 가장 좋아하는 질문은 바로 "취미가 뭐예요?"다. 상대가 평소 어떤 일을 하며 시간을 보내는지 알 수 있고, 혹시라도 공통점을 찾으면 어색한 분위기에서 벗어나 좀 더 넓은 주제로 나아갈 수 있기 때문이다. 누군가 나에게 "취미가 뭐예요? 뭐 좋아해요?"라고 물으면 나의 대답은 늘 똑같다.

"발레요."

그럼 대부분 이런 반응이 돌아온다. "어렸을 때 배웠었어요?" "유연해요?" "네? 발레요? 저 처음 봐요." 성인 취미 발레 인구가 늘었다지만 여전히 발레는 대중적인 취미의 범주에 들어갈 정도는 아닌 듯하다.

나는 발레가 너무 좋았던 나머지 이전 회사에서 면접을 볼 때도 "취미가 발레"임을 어필했다. 다음과 같은 대답 때문에 입사 후 두고두고 놀림을 받았지만.

"제 인생엔 세 가지가 있습니다. 관광, 외국어 그리고 발레입니다."

관광과 관련된 회사라 나름 어울리면서도 나답게 답했다고 여겼는데 선배들은 내 대답이 귀여웠던(웃겼던 게 아니라 믿고 싶다) 모양이다. 틈만 나면 내 인생의 세 가지가 그대로인지, 면접에 따라 바뀌는 건 아닌지 물어보곤 했다. 고백하건대 발레를 뺀 나머지는 상황에 따라 바뀐다. 이처럼 면접장에서도 당당히 외칠 정도로 발레를 사랑한다. 무용수들의 단단한 근육과 아름다운 몸의 라인, 감정이 묻어나는 동작을 볼 때마다 가슴 벅찬 감동을 받는다.

이런 '발레 덕후'가 파리에 갔으니 말 다한 거다. 발레 종주국이라는 프랑스에서, 그것도 세계적으로 유명한 '파리 오페라극장 발레단'이 있는 곳에서 발레 수업을 받는다는 것은 파리에서 매일 아침 크루아상과 에스프레소를 먹는 것처럼 자연스러운 일이다.

8월의 파리는 잠깐 쉬어가는 달로, 파리지앵이 휴가를 떠나고 텅 빈 파리를 관광객이 점령하는 달이기도 하다. 대부분 상점이 문을 닫고 떠나는 것처럼 발레 학원들도 문을 닫았다가 9월부터

니스, 발레 슈즈

수업을 시작한단다. 정말이지 하늘이 무너지는 소리가 아닐 수 없었다. 내가 찾아본 모든 학원에는 7월 말까지만 수업을 한다고 공지가 떠 있었다. 가능하다면 개인 교습이라도 받고 싶은 심정이었다. 그러던 중 여름 집중 프로그램을 진행하는 곳을 알게 되었다.

마레 지구에 위치한 '마레 댄스센터(Centre de Danse du Marais)'. 발레뿐만 아니라 다양한 종류의 예술 수업이 이뤄지는 학원이다. 아프리카 댄스, 현대무용 등 춤과 관련된 수업뿐만 아니라 노래, 피아노 등 음악 수업도 있다.

수업 첫날, 퐁피두센터 근처라는 말에 대충 위치만 파악하고 호기롭게 찾아갔으나 도대체 어디에 숨었는지 학원 간판조차 보이지 않았다. 구글 지도를 켜보니 분명히 학원을 지나왔어야 하

파리, 마레 댄스센터

는데, 그 어떤 문에도 발레나 댄스라는 글자가 쓰여 있지 않았다.

알고 보니 마레 댄스센터는 길가가 아닌 건물 안쪽에 위치해 있었다. 뻥 뚫린 터널 같은 곳을 지나면 ㅁ자 공간이 나온다. 맞은편에는 카페, 왼편에는 레스토랑, 그리고 오른편에 학원 안내 데스크가 있다. 2층부터는 다 댄스홀이다. 1700년대에 지어진 건물이라, 내부로 들어서면 오래된 목조 건물 특유의 냄새가 난다. 평소 같으면 별 감흥이 없었을 텐데, 왠지 신비롭고 로맨틱하게 보였다. 천장과 바닥은 물론 창틀까지 나무로 되어 있다. 솔직히 약간 기울어진 나무 천장은 무너지지나 않을까 걱정될 정도였다. 몇몇 홀은 실제로 보수 공사 중이라고 한다.

"안녕? 나 발레 수업 받으러 왔어."

"그래, 몇 개 끊을래?"

"나 여름 집중 프로그램 쿠폰으로 끊고 싶어!"

가기 전에 미리 웹사이트를 보니, 회원 등록을 하면 좀 더 저렴하다고 나와 있었고, 올 여름이 지나 언제 다시 올지 모를 학원에 회원 등록을 해버렸다. 파리에서 첫 발레 수업은 프레데리크 선생님의 오후 5시 30분 클래스였다.

'오랜만이니까 몸 좀 천천히 풀면서 마음을 가다듬자.'

아무리 오랜만이라도 레오타드를 입은 내 모습은 참고 봐줄 수가 없었다. 몸이 드러나는 레오타드와 타이즈를 입자 10개월의 공백이 그대로 보였다. 근육은 풀려 살이 되었고, 안 보이는 곳엔 살이 붙어 라인이 사라졌다. 무거운 몸을 움직여 스트레칭을 하고 있자니, 머리부터 발끝까지 화려한 장비를 장착한 수강생들이 한 명씩 들어오기 시작했다. 이내 댄스홀은 발을 뻗으면 앞사람 등에 닿을 정도로 꽉 찼다. 중앙에 놓인 발레 바 다섯 개와 홀을 빙 둘러싼 발레 바까지 수강생들이 다 들어차서, 마치 영상으로 본 발레단의 클래스처럼 되었다.

수업을 받으러 온 사람들도 각양각색이었다. 당당하게 타이즈를 입은 남자 수강생, 토슈즈를 신은 아주머니 수강생, 백발을 곱게 틀어 올린 할머니 수강생까지, 역시 발레 종주국다웠다. 배는 나왔지만 몸에 밴 턴아웃*을 뽐내며 홀 안으로 들어선 프레데리크 선생님은 수강생들과 반갑게 비쥬 인사를 나눴다.

"이름이 어떻게 돼요?"

* turn-out. 발끝이 몸의 방향보다 바깥쪽을 향하도록 선 자세.

프레데리크 선생님은 처음 보는 나에게도 친근하게 이름을 물어보며 눈을 찡긋했다. 홀 안은 무려 40명이 넘는 수강생들로 인해 발 디딜 틈이 없었다. 제각각 몸을 풀던 수강생들은 한 손으로 발레 바를 잡고 선 뒤 피아노 라이브 반주에 맞춰 동작을 시작했다. 선생님은 모든 동작에 이렇게 주문했다.

"자, 웃으면서 즐겁게!"

수업 내내 숨 쉬듯 팔을 움직여라, 다리를 더 높게 들어라, 턴아웃에 신경 써라, 테크닉보다는 팔과 다리의 콤비네이션으로 아름답게 표현하라고 주문하던 선생님 덕분에 온갖 예쁜 척을 해가며 동작을 할 수 있었다.

"춤은 즐거워야죠." 누군가 그랬다.

발레를 할 때면 나는 다른 사람이 된다. 평소 말로 못 하던 이야기를 몸으로 표현한다. 말을 하지 않아도 감정이 전달될 수 있다는 사실이 신기하고, 그 과정에 도달하는 모양새는 단연 아름답다. 처음에는 거울에 비친 내 모습이 어색하고 쑥스러웠지만 금세 빠져들었다. 한바탕 집중해서 몸을 움직이고 나면 비 오듯 땀이 흐르고 온몸은 쑤셔도 얼굴에서는 생동감이 넘친다.

한창 발레에 빠져 한국에서 매일같이 수업을 받던 시절, 발레 선생님이 이런 말씀을 하셨다.

"너는 너무 집중하면 입이 슬퍼져. 음악을 들어야 하는데 동작

파리, 마레 댄스센터 베토벤홀

에만 빠져 있는 것 같아."

당시 내가 집중하면 '입이 슬퍼'졌던 이유는 진짜로 슬펐기 때문이다. 행복하지 않았던 것이다. 그때의 나는 사소한 일도 잘 해내야 한다는 강박증에 시달렸고, 한 가지에 지나칠 정도로 빠져들곤 했다. 취미 발레조차도 그 과정을 즐기는 게 아니라 동작 하나에 빠져 주위를 차단해 버렸다. 물론 빠져든다는 것 자체가 나쁜 건 아니지만 스스로를 더 힘들게 하는 시점이 찾아온다. 그래서 좋아하던 것들을 아예 놔버리기도 한다.

그러나 이제는 안다. 춤은 즐거워야 한다. 내가 즐거워야 보는 사람도 즐겁다. 파리에서 첫 번째 발레 수업을 마치고 마지막 인사를 하는 레베랑스(révérence)에서 프레데리크 선생님이 외쳤다.

"자, 다 같이 노래해요!"

다른 수강생들에겐 익숙한 일인지 피아노 반주에 맞춰 다 같이 노래를 부르기 시작했다. 아마도 유명한 프랑스 국민 샹송인 듯했다. 선생님은 팔로 지휘 동작을 하며 더 크게 노래를 부르도록 유도했다. 처음 보는 장면에 당황했던 나도 이내 다른 사람들을 따라 큰소리로 흥얼거리며 동작을 마무리했다. 1시간 30분 수업 내내 즐거웠다. 특히 마지막에 함께 노래 부르며 부드럽게 팔을 쓰는 폴드브라(port de bras) 동작을 하는 순간 기쁨의 파도가 밀려들며 반짝이는 감정이 되살아났다. 수업이 끝나고 선생님과 비쥬 인사를 나눴다.

"선생님, 고맙습니다. 오랜만에 행복한 발레 수업이었어요!"

움직이는 축제

파리의 하루는 물 흐르듯 흘러갔다. 아침에 일어나 창문을 열고 환기한 후 드립커피를 내려 마시면서 잠시 쉰 다음 마레 지구에 있는 발레 학원으로 향한다. 열 개의 종이 쿠폰이 하나씩 사라지는 즐거움은 특별하다. 오랜만에 발레 수업을 받고 이전 수업과 다른 활기찬 분위기에 어색해하던 것도 잠시, 40명이 넘는 인원을 능숙하게 지휘하는 유쾌한 선생님 덕분에 금방 분위기에 녹아들었다.

신기하게도 발레를 하고 나면 활기가 넘친다. 갈아입기 귀찮을 정도로 땀에 젖어버린 레오타드와 너덜거리는 두 다리만 빼면 최상의 상태였고, 기분 좋은 에너지가 아까워 바로 집에 갈 수 없었다. 그럴 때면 마레 지구의 빈티지 숍을 기웃거리거나, 카페에 앉아 이것저것 끄적거리다가 창밖으로 지나가는 사람들을 구경했다. 또 딱히 하고 싶은 건 없는데 집에 가기 싫을 때면 센강을 따라 걸었다.

샤틀레역 근처 발레 학원에서 트로카데로역에 있는 집까지는 약 3.2km, 조금 빠른 걸음으로 40분 거리다. 땀이 나 찝찝하게 들러붙는 원피스와 내리쬐는 뜨거운 햇볕 아래 굳이 센강을 따라 걸은 이유는 단순했다. 아무리 봐도 질리지 않는 파리의 모습을 눈에 담고 싶었기 때문이다. 3.2km 안에는 파리의 명소가 다 모여 있다.

퐁피두센터를 지나 대로변으로 나오면 무려 500년 전통의 부키니스트들이 책을 파는 가판대가 보인다. 잠시 멈춰 구경하다 센강 변으로 내려가 걷다 보면 왼쪽으로 오르세 미술관, 오른쪽에는 루브르 박물관이 나타난다. 센강에서 가장 화려한 알렉상드르 3세 다리와 그랑팔레를 지나고 센강 변에서 다시 위로 올라와 튈르리 정원 쪽을 향해 놓인 초록색 의자에 앉아 잠시 쉬다 보면 살짝 나른해지면서 시원한 맥주가 생각난다. 조금 더 걷다가 바로 눈앞에 에펠탑이 보이면 집에 거의 다 왔다는 신호다. 시원한 샤워로 3.2km 산책을 마무리한 후 테이블 옆의 의자를 창가로 끌어다가 앉는다. 그리고 미리 냉동실에 넣어둔 맥주를 홀짝거리며 질리도록 에펠탑을 바라본다.

추적추적 비가 내리던 어느 날, 매일 걷던 방향이 아닌 다른 쪽으로 가보고 싶었다. 그래서 항상 따라 걷던 센강을 건너가 보기로 했다. 다리를 건너 생미셸-노트르담역 근처에 다다르자, 셰익스피어 앤드 컴퍼니 서점이 생각났다.

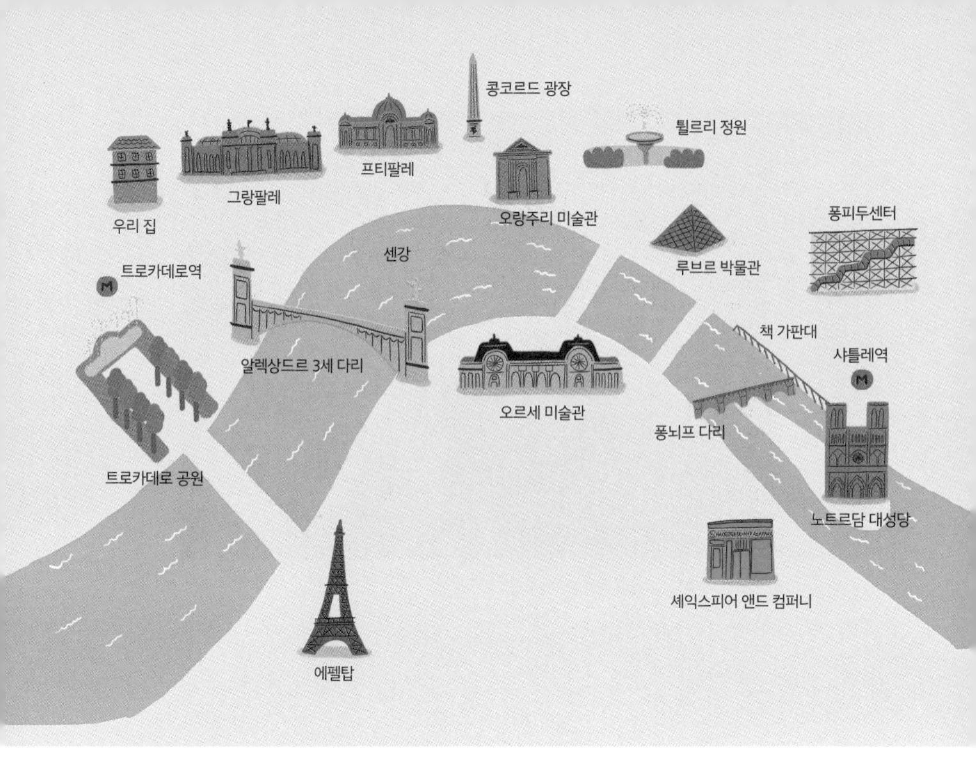

'그 서점이 이 근처라고 했는데.'

셰익스피어 앤드 컴퍼니는 어니스트 헤밍웨이를 비롯한 당대 문학가들의 단골 서점이자 문화 살롱이었다. 1919년 미국인 출판업자 실비아 비치가 문을 연 영어 서적 전문 서점으로, 당시 파리에 거주하던 미국인과 영국인이 주요 고객이었다. 셰익스피어 앤드 컴퍼니는 이곳을 방문한 이들에게 문학 관련 토론의 장으로서 역할을 톡톡히 해냈다고 한다.

파리, 셰익스피어 앤드 컴퍼니 서점

실비아 사장은 당시 책 살 돈이 없을 정도로 가난했던 헤밍웨이에게 무료로 책을 빌려주기도 했다. 헤밍웨이의 사후 회고록《움직이는 축제》에도 종종 실비아 사장과 나눈 대화, 책을 돌려주기 위해 방문했던 일화가 나온다. 나에게는 파리에서 반드시 이루어야 할 목표가 몇 가지 있었다. '셰익스피어 앤드 컴퍼니에서 헤밍웨이의《움직이는 축제》원서 구매하기'는 그중 가장 '긴' 목표였다. (그 외 목표는 발레 하기, 크루아상 만들기, 에펠탑 아래 누워 있기 등.) 프랑스와 사랑에 빠질 무렵 헤밍웨이의《움직이는 축제》를 읽었는데, 이 책은 즉시 내 마음을 사로잡았다. 헤밍웨이가 파리에서 지낸 1년 동안의 일상을 기록한 글을 읽으며 나의 기대감도 높아졌다.

'움직이는 축제가 함께하는 삶이란 어떤 걸까?'

셰익스피어 앤드 컴퍼니는 영화 〈비포 선셋〉과 〈미드나잇 인 파리〉에도 등장하여 관광객들에게 사랑받는 명소로 거듭났다. 간혹 사람들이 너무 몰릴 경우 서점 입구에서 입장을 통제하기도 한다. 바로 옆에 동일한 이름의 카페가 새로 생겼는데, 테라스석에 앉으면 노트르담 대성당과 센강이 한눈에 들어온다. 헤밍웨이의 영혼이 깃든 서점 앞에 앉아 비 내리는 파리의 정취를 즐기고 있으니 절로 글이 써질 것만 같았다.

파리에서 보내는 하루는 특별한 일이 생기지 않아도 어떤 추리소설보다 흥미진진했다. 파리에 살던 헤밍웨이도 매일 아침 새로운 기대감으로 눈을 뜨고 이곳저곳 누볐겠지? 나는 엄청난 행운이 따라준 덕분에 청춘의 한때를 파리에서 보낼 수 있었다. 앞으로 어디를 가든 '2019년 여름, 파리'가 움직이는 축제처럼 나를 따라다닐 거라 생각하니 든든하다.

파리, 비온 후 센강

크루아상은 원래 삼각형이다

요리가 완성되는 과정을 좋아한다. 특히 레시피대로 한 치의 오차 없이 계량과 조리 시간을 지켜도 제대로 된 모양이 나올까 말까 한 제과제빵의 세계에 발을 들여놓은 이래, 새로운 레시피를 찾아 시도하는 소소한 재미에 빠져들었다. 파리에서 여느 때와 마찬가지로 창가에 앉아 에펠탑을 쳐다보는데 문득 이곳 문화와 관련된 무언가에 도전해 보고 싶어졌다. 몽실몽실한 구름을 보고 있자니 뜬금없이 크루아상이 떠올랐고—실은 배가 고팠다—파리에 온 이상 '빵순이'로서 크루아상 하나쯤은 만들어봐야겠다는 생각이 들었다. 그래서 바로 에어비엔비 웹사이트에 들어가 쿠킹 클래스를 신청하고는 그대로 잊어버렸다.

수업 전날에야 알림 메일을 받고 겨우 기억해 냈다.

'아, 맞다. 크루아상 만들기 수업 신청했었지.'

솔직히 가지 말까 망설였다. 참으로 아이러니하다. 수업이든 체험이든 '지름' 때는 불타오르던 열정이 정작 때가 다가오면 귀찮음으로 바뀌곤 한다. 갈까 말까 몇 번을 고민하다가 날려버릴 때도 있다. 물론 가기 전까지 귀찮고 망설여질 뿐, 일단 참여하면 절대로 후회할 일 없을 만큼 재미있다는 건 그동안의 경험으로 잘 안다. 누구 하나 강요한 사람도 없고, 강매당한 것도 아닌데 왜 이러는 걸까.

하필이면 아침 9시 수업을 신청했다. 커튼을 걷으니 새로운 파리 하늘이 펼쳐져 있었다. 유난히 맑은 하늘을 배경으로 몽실몽실 크루아상 같은 구름이 에펠탑 꼭대기에 모여 있는 광경을 보자, 도저히 수업에 빠질 수 없었다. 떠나기 10분 전까지 귀찮아 뭉그적거린 건 비밀이다.

'하늘이 이렇게 예쁜 아침에는 글이 술술 써질 텐데, 그냥 여기서 아침을 만끽하는 게 더 이득 아닐까?'

옆에 엄마가 있었다면 한 소리 들었을 거다.

"그러니까 왜 생각도 안 하고 질렀어!"

집 앞에서 72번 버스를 타고 프랑수아 미테랑 부두 정류장에 내린 후 카루셀 다리를 건너 생페르 거리에 도착했다. 이곳에는 예쁜 꽃집과 스튜디오, 갤러리, 편집숍이 즐비하다.

크루아상 원데이 클래스가 진행되는 스튜디오는 건물 안쪽에 위치해 있었다. 프랑스 집 대부분이 그렇듯, 큰 철문을 열고 들어서면 건물 중앙이 ㅁ자 모양으로 뚫려 있고 정원이 나온다. 아늑하고 따뜻한 느낌이 들었다. 큰 창이 난 왼쪽 건물이 쿠킹 스튜디오였다. 내부로 들어서니 커다란 오븐 두 대와 조리 도구가 놓인 긴 나무 테이블이 눈에 띄었고, 인원수대로 준비된 온갖 재료가 이미 고소한 냄새를 풍겼다. 큰 창으로 적당히 햇살까지 들어오자 아기자기한 쿠킹 스튜디오는 요리 영화 속 한 장면처럼 근사해 보이기까지 했다.

급할 것도, 어려울 것도 없이 세상 여유로운 크루아상 만들기였다. 전날 원데이 클래스를 수강한 팀이 우리를 위해 만들어놓은 반죽을 펴고, 자르고, 접었다. 우리도 다음 날 체험할 팀을 위해 반죽을 만들어 냉장 보관해 놓았다.

크루아상 레시피는 다 비슷하겠지만 버터와 이스트 종류에 따라 맛이 달라진다. 레시피만큼 재료의 성분과 품질도 중요하다는 얘기다. 본격적으로 모든 재료를 믹싱볼에 넣고 반죽하기 전, 선생님의 설명을 들으면서 재료 하나하나 뚜껑을 열고 냄새까지 맡아보았다. 이날 크루아상 만들기는 미국인 가족 세 명, 호주에서 온 모자 그리고 한국에서 온 나까지 총 여섯 명이 참석했다. 두 가족 모두 유럽 여행 중 잠깐 파리에 들렀고, 없는 시간을 쪼개 이 수업을 신청했다고 한다. 파리에서 혼자 한 달 살기 중인, 시간이 넘쳐흐르는 나를 보고 대단하다며 부러워했다.

파트너와 함께하는 수업이라, 나는 미국인 가족과 함께 크루아상을 만들게 되었다. 미안하지만 처음엔 벤이라는 소년이 할머니, 할아버지와 함께 여행 중인 줄 알았다. 나이 지긋해 보이는 아저씨가 긴 백발을 하나로 묶어 올린 데다, 얼굴에는 수염이 덥수룩하고 양팔에는 문신이 뒤덮여 있어 나도 모르게 움츠러들었다.

그러나 알고 보니 벤의 아버지는 유쾌한 사람이었다. 낯을 가리는지 자꾸만 숨으려는 아들 벤에게 장난을 걸며 모든 일을 일임했다. 벤은 밀대로 반죽을 미는 것도, 수시로 밀가루를 뿌리는 것도, 솔질을 하는 것도 서툴고 느렸지만 그의 아버지는 끝까지 응원하며 기다려주었다. 반대로 벤의 어머니와 나는 환상의 복식조였다. 내가 밀면 그녀가 밀가루를 뿌렸고, 그녀가 반죽을 접으면 내가 솔질을 했다. 우리는 빵오쇼콜라에 들어갈 초콜릿을 집어 먹으며 즐겁게 크루아상을 만들었다.

크루아상 만들기는 생각보다 흥미진진했다. 알아가는 재미가 있었다. 먹을 때마다, '어떻게 이런 초승달 모양이 나올까? 겹겹이 쌓아 올렸을까? 그럼 버터는 어떻게 넣는 거지? 빵 속에 초콜릿은 어떻게 박아 넣지?' 항상 궁금했는데 그 비밀을 알게 되었다. 일단 버터를 넣고 여러 차례 밀대로 민 숙성된 반죽을 직사각형 모양으로 길게 늘인다. 이 반죽을 약 4cm 간격으로 긴 삼각형이 되게 자른 후 돌돌 말아주면 크루아상 완성이다.

"돌돌 말아주세요."

선생님의 시범을 보면서 우리 모두 깨달음을 얻었다.

"저게 저렇게 만드는 거였어?"

삼각형이 크루아상,
네모가 빵오쇼콜라

빵오쇼콜라의 경우는 조금 다르다. 이 스튜디오에서는 사각형 모양의 반죽 양 옆에 긴 카카오 초콜릿을 놓고 옆으로 돌돌 말아 준다. 말고 나니 무척 볼품없고 작아져서 이게 제대로 빵이 되어 나올까 의문이 생겼다. 선생님은 걱정 말라는 듯 남은 초콜릿을 나에게 건넸다.

"이거 다 먹어도 되는 거예요?"

이렇게 말하며 신이 나서 초콜릿을 먹었다. 엄마한테 빵을 굽기 전 사진을 보내니 답장이 왔다.

"외국인이 한식 수업 듣는 게 이해가 가네."

나는 발끈해서 "아니, 다르지"라고 답장을 보냈지만, 생각해 보니 진짜 그렇네. 도대체 서울까지 와서 왜 한식 수업을 듣는 걸까 싶었는데 내가 바로 '그 외국인'이었다. 단지 요리가 좋아서라기보다 프랑스 문화를 최대한 가까이 느끼고 싶어서 크루아상 만들기를 신청한 것처럼, 한국을 여행하는 외국인들도 TV에서 본 한국 음식을 직접 만들며 체험하고 싶어서 신청하겠지.

띵-. 오븐의 신호음과 함께 우리 모두 오븐 앞으로 모여들었다. 오븐 뚜껑을 열자 고소한 버터 향이 퍼지면서 "와" 하는 탄성이 터져 나왔다. 반질반질 윤기가 나며 갈색빛 도는 겉면을 보니 신기했다. 내 손보다도 작아서 잘 부풀어 오를까 걱정했는데 오븐을 거치고 나니 훌륭한 크루아상과 빵오쇼콜라가 탄생한 것이다. 완벽한 레이어, 바삭거리는 식감, 반을 가르자 마치 치즈처럼 늘어지는 쫄깃한 속까지, 이런 걸 '겉바속촉'이라고 하는 건가. 이 맛에 빵을 굽나 보다. 다들 신이 난 나머지 뜨거운 크루아상을 집어 들고 죽 찢어서 맛보느라 바빴다. 진한 버터 풍미가 스튜디오는 물론 입 안에 가득해지면서 행복감이 번졌다. 선생님이 내온 커피까지 곁들이자, 오늘 안 왔으면 어땠을지 상상도 하기 싫었다.

'내가 만들었지만 정말 맛있다.'

앗! 벤의 아버지가 뜨거운 빵을 식히기 위해 쟁반에 옮기다가 소중한 크루아상 한 개를 바닥에 떨어뜨리고 말았다. 그는 우리 모두에게 사과하고 급히 크루아상을 집어 들며 말했다.

"5분 안 지났어(5 minutes rule)!"

떨어뜨린 걸 5분 안에 집으면 먹어도 된다는 뜻이었다. 웃음이 나왔다. 떨어뜨렸던 크루아상을 맛있게 먹는 벤의 아버지에게 한

크루아상에 에펠탑 토핑

국식 3초 룰을 설명해 줬다.

"우리는 3초 룰이에요. 무조건 3초 안에 집어야 해요! 미국 룰이 훨씬 너그럽네요."

벤의 아버지 역시 3초는 너무 박하니 5분으로 바꾸라며 너털웃음을 터뜨렸다.

수강생들은 남은 크루아상과 빵오쇼콜라를 공평하게 나눠 포장했다. 두 개씩 먹고도 많이 남아 있어서 다들 종이봉투에 가득

도핀 광장, 숨은 명소

담아 스튜디오를 나설 수 있었다.

오전 내내 만든, 소중한 내 빵은 봐도 봐도 질리지 않았다. 빵 봉지를 끌어안고 도핀 광장으로 향했다. 소설 《미 비포 유》를 읽고 알게 된 도핀 광장은 건물과 건물 사이에 자리한, 아름답고 고요한 곳이다. 남자 주인공 윌은 불의의 사고로 전신마비 장애인이 되어 아무 데도 못 가는 처지다. 그는 한 번도 해외여행을 가본 적이 없다는 여자 주인공 루이자에게 "파리 도핀 광장에 있는 레스토랑 폴에서 먹던 크루아상과 커피가 그립다"라며, 도핀 광장과 레스토랑에 대한 찬사를 늘어놓는다.

도핀 광장은 좌우 완벽한 대칭을 이룬다. 아주 좁은 골목길 사이에 숨어 있는 보물 같은 장소다. 도핀 광장 벤치에 앉아 여전히 따끈한 크루아상을 한 겹씩 벗겨 먹으며, 완벽하게 구워진 크루아상과 이날의 모든 영광을 며칠 전 본 몽실 구름한테 돌렸다.

'오늘 저녁엔 크루아상에 맥주 한 잔 하면서 영화 〈미 비포 유〉나 다시 봐야겠다.'

나의 라라랜드

'지금 시간이 멈춰버렸으면.'

이런 순간이 종종 찾아온다. 밤 9시부터 11시까지 매시 정각마다 반짝반짝 빛나는 에펠탑의 시간이 지속되기를, 입 안 가득한 마카롱의 달콤함이 사라지지 않기를, 로미오와 줄리엣이 춤추는 장면이 끝나지 않기를. 좋아하는 작가의 신작을 읽을 때면 결말이 나지 않고 이야기가 계속되기를 바란다. 손에 땀을 쥐게 하는 스토리, 작가만의 세세한 묘사와 서술, 앞으로 다가올 반전 등, 줄어드는 페이지 수만큼 아쉬움이 커져 책을 덮어버리기 일쑤다. 지나치게 감정이입을 한 나머지 주인공의 고통이 전이되어 심장이 욱신거릴 때도 책과 영화를 잠시 멈춘다. 결말이 궁금해 어쩔 수 없이 다시 책을 펼치고, 영화를 재생하지만 말이다.

극장에서 영화 〈라라랜드〉를 보던 날, 나는 첫 장면에 반해버렸다. 고속도로 위에서 펼쳐지는 뮤지컬 신을 보면서 극장 스크린에 광고가 나오던 초반으로 시간을 돌리고 싶었다. 그 장면을 보고 또 보고 싶었으며, 두 주인공에게 너무 몰두한 나머지 미아와 세바스찬이 미래를 포기하는 장면을 멈추고 싶었다.

할리우드 대배우가 되는 게 목표인 미아는 매번 오디션에서 탈락한다. 정통 재즈를 고집하는 세바스찬 역시 구닥다리 취급을 받으며 밀려난다. 고배의 잔을 들이켜는 미아와 세바스찬이 안쓰러우면서도 제발 포기하지 않기를 바랐다. 그들은 바보 같은 꿈을 꾸는 사람들의 대변인이었다.

모든 걸 포기한 미아에게 마지막 기회가 찾아온다. 파리에서 촬영하는 새 영화의 주인공 역할이었다. 미아는 배역을 따냈고, 꿈꾸던 스타가 된다. 미아가 오디션장에서 노래를 부르는 장면에서 내 가슴도 벅차올랐다. "바보 같은 꿈을 꾸는 것처럼 보이는 사람들(Here's to the ones who dream foolish as they may seem)"이라니. 그 노랫말에는 파리에 사는 미아의 이모가 등장한다. 미아의 이모는 꿈을 좇기 위해 일반 상식에서 벗어난 행동도 마다하지 않는 몽상가로, 미아 역시 그런 이모의 이야기를 동경하며 꿈을 꿔왔다.

나도 언제나 꿈을 좇는 사람이 되고 싶었다. 영화 〈라라랜드〉 속 주인공들이 바보 같은 꿈을 꾸는 게 근사해 보였고, 그래서 내가 막연히 상상만 하던 꿈을 실현하기로 결심했다. '파리에 살고 싶다'는 꿈을 차츰차츰 구체화시켜, 파리에 가서 꼭 하고 싶은 일을 작성해 나갔다. 2년 6개월 후 나는 진짜 파리로 떠나게 되었다.

도하에서 승무원 생활을 할 때 플랫메이트였던 아르헨티나 출신 다니에게도 파리에 사는 이모가 있었다. 파리 비행이 잦은 다니는 적어도 한 달에 한 번은 이모와 만나 시간을 보낸다고 했다. "안녕? 나는 한국에서 왔어." 이렇게 처음 인사할 때부터 나와 다니는 죽이 잘 맞았다. 나는 여름 한 달 동안 파리에서 살 거라고 노래를 불렀고, 어쩌다 다니와 거실에서 커피라도 마시는 날이면 "파리의 매력에 대해 서술하시오"에 대해 끊임없이 이야기 나누곤 했다.

내가 파리로 떠나기 얼마 전, 그날도 다니는 어김없이 "파리에 가면 말이야…"로 말문을 연 뒤, 꼭 가봐야 할 전시회가 있다며 며칠 전 파리 비행 때 찍어온 영상을 보여주었다. 이모와 함께 다녀온 전시회 영상 속에서 반 고흐의 〈꽃피는 아몬드 나무〉는 클래식 음악 선율에 맞춰 살아 움직이고 있었다. 전시회 제목은 '빛의 아틀리에(L'Atelier des Lumières): 반 고흐전'이었다.

'빛의 아틀리에'는 전시장 벽과 바닥에 빛을 쏴서 명화를 그려내는 방식의 살아 있는 전시회다. 또한 전시 제목인 동시에 전시가 열리는 미술관 자체의 이름이기도 하다. 오래전에 버려진 철제 주조 공장을 개조하여 건물 전체가 거대한 캔버스가 된 이 공간은 연일 관람객으로 붐빈다.

파리에서 한 달 살기를 마치고 다시 일상으로 돌아가기 하루 전

나의 사랑 나의 발레

날, '빛의 아틀리에'를 찾았다. 전시장 문을 열고 들어서니 새까만 어둠이 나를 반겼다. 기다리던 고흐의 〈별이 빛나는 밤〉이 시작되었다. 두근거렸다. 인상파 거장 고흐의 그림을 어떤 빛으로 그려낼까.

잔잔한 클래식 음악과 함께 시작된 〈별이 빛나는 밤〉의 감동을 어찌 글로 표현할 수 있을까. 찬란한 빛은 〈탕귀 영감〉을 그려냈다가, 〈꽃피는 아몬드 나무〉를 그렸다가, 〈고흐의 방〉으로 들어갔다. 살아 움직이는 고흐의 작품을 보고 있자니 눈앞에 보이는 게 빛인지 색인지 구분하기 힘들었다. 나는 또다시 이 순간이 멈춰 버리기를 바랐다. 끝나지 않기를, 빛이 가득하기를.

파리는 이런 곳이다. 꿈을 꾸며 찾아온 사람을 실망시키는 법이 없다. 파리는 나의 '라라랜드'다. 라라랜드(La La Land)에는 두 가지 뜻이 있다. 하나는 할리우드가 있는 도시 로스앤젤레스, 다른 하나는 꿈의 나라 또는 환상의 세계를 가리킨다. 두 가지 뜻은 결국 교집합을 이룬다. 스타가 되기 위해 할리우드를 찾는 사람들은 허황돼 보일지 모르는 원대한 꿈을 안고 있기 때문이다. 그런 의미에서 라라랜드는 '언젠가 실현시킬 꿈'이기도 하다.

영화 속에서 라라랜드를 꿈꾸던 미아는 파리에서 그 꿈을 이뤘고, 1년 정도 파리에서 지낸 소설가 헤밍웨이는 평생 축제 같은 삶을 살았다. 파리에서는 손가락 사이로 흘러내리는 모래처럼 아스라이 사라지던 꿈을 분명하게 만질 수 있기에, 아무리 바보 같아 보이는 꿈이라도 입 밖으로 꺼내는 게 두렵지 않다.

플랫메이트의 작은 휴대폰 화면 속 '빛의 아틀리에'를 직접 내 눈으로 보고 느낀 짜릿함을 기억한다. 언제쯤 실현 가능할까 막연했던 꿈을 실제로 이뤄낸 일련의 경험 덕분에 나의 삶은 특별해졌다. 그래서 여전히 나는 파리를 꿈꾼다.

'평생 꿈을 꾸면서 살자. 나의 라라랜드는 건재하다.'

여행의 향기가 느껴진 거야

지난해 니스 여행 때 일이다. 한여름, 선크림 챙기는 걸 잊고 여행을 떠나는 바람에 반나절 동안 뜨거운 태양 아래 맨 얼굴로 돌아다녔다. 숙소로 돌아와 벌게진 얼굴과 목, 어깨를 보고 다음 날 아침 일어나자마자 근처 약국으로 달려가 선크림을 구매했다. 프랑스 화장품은 한국에서 '약국 화장품'으로 유명한데, 그때까지 써본 적은 없으나 가격이 사악하다는 것은 익히 알고 있었다. 관세라도 붙는 건지 가격이 크게 두 배까지 차이 난다는데 프랑스 현지에선 훨씬 저렴한 편이다.

여름이라 약국 한쪽 매장에 선크림을 모아놓은 특별 코너가 준비되어 있었다. 종류가 너무 많았다. 주저하다 매장 직원에게 도움을 청했다. 딱 한 가지, 제일 잘 팔리는 베스트 제품을 추천해주길 바랐지만 직원은 나란히 서 있는 선크림을 하나씩 가리키며 사용 설명서를 읊어주기 시작했다.

니스, 파란 향기

"이건 컬러로션 기능이 있고… 저건 수분감이 최고예요. (비어 있는 칸을 가리키며) 이건 다 나갔네요…."

"이 중에서 제일 기본이 뭐예요?"

결국 내 손바닥만 한 증정용 수딩크림이 딸린, 라로슈포제란 브랜드의 기본 선크림을 골라 계산한 후 서둘러 매장을 나왔다. 그날, 다음 날, 그다음 날도 그 선크림을 바르고 돌아다녔고 저녁엔 수딩크림으로 피부에게 진정을 선사했다. 선크림이 무척 마음에 들어 몇 개 쟁여두고 싶을 정도였다. 니스를 떠나 파리에 도착한 후 동네 마트에 가서 세 개나 구매해 버렸다(당연히 증정용 수딩크림도 붙어 있었다).

오늘 아침 오랜만에 집 밖으로 나서며 지난여름 프랑스에서 사온 그 선크림을 발랐다. 봄다운 날씨였다. 포근한 공기와 싱그러운 생명력이 대기를 가득 채웠다. 살랑이는 바람에 머리카락이 흩날리며 얼굴에 들러붙었지만 상관없었다. 은은한 선크림 냄새에 기분이 좋아졌다. 갑자기 니스의 쪽빛 바다가 머릿속으로 밀려들어 왔다. 수영복 차림의 휴양객들과 샛노란 스마일 패러세일링이 보였다. 무감각한 일상에 니스의 추억이 훅 몰려왔다. '샤넬 넘버5'라든가 '미스 디올' 같은 향수를 한 방울 뿌리니 니스의 추억이 몰려왔다고 하면 좀 더 아름다워 보였을 텐데, 지난여름 나에겐 선크림의 순한 향이 전부였다. 그래도 니스 여행은 충분히 아름다운 추억으로 저장되었고, 당시엔 인지조차 못했던 선크림 냄새 덕분에 겨울보다 더 삭막한 3월 한국 땅에서 니스를 봤다.

냄새는 신비의 영역이다. 지금 창밖에서 흘러 들어온 정체불명의 냄새는 코 안쪽 윗부분 후각상피에서 냄새 분자와 단백질 수용체가 결합해 신경망을 타고 중추로 전달되어, 갓 구운 빵에서 나는 냄새로 인지된다. 노벨 생리의학상을 수상한 리처드 액셀과 린다 벅 교수에 의하면, 세상엔 약 1천 개의 후각수용체 유전자가 존재하며 인간은 약 400개의 후각수용체로 냄새를 감지할 수 있단다. 이 중 내가 나열할 수 있는 냄새의 종류는 몇 개나 될까?

냄새는 감정을 즉각적으로 자극하고 오랫동안 기억하게 한다. 또한 그 종류도 방대하므로, 글 쓰고 사진 찍는 것보다 집중해서 숨 한 번 크게 들이마시는 쪽이 더 효과적이고 효율적인 저장 매체가 될 수도 있겠다. 그러니 니스가 그립다면 굳이 그곳에 돌아가지 않아도 선크림만 듬뿍 바르고 외출하면 그만인 것이다.

향기와 결합한 여행은 언제나 강렬한 기억을 남겼다. 헬싱키에서 시벨리우스 공원을 찾아가던 길. 호텔 근처 카페에서 첫 끼로 커다란 시나몬롤을 끝장낸 후 자전거를 타고 공원 안 카페 레가타에 도착하기까지 여정은 세상에 시나몬 향이 존재하는 한 뚜렷하게 기억될 것이다. 또 라벤더 에센스오일 한 방울 떨어뜨린 디퓨저를 틀어놓을 때면 남프랑스 아비뇽의 작은 마을들과 가이드의 얼굴이 떠오른다.

우연히 길을 걷다 코를 찌르는 오우드(oud) 향이라도 맡는 날이면 나는 다시 무슬림 전통 복장 아바야로 온몸을 감싼 승객들을 싣고 날아가는 비행기 안에 유니폼 차림으로 서 있다. 향기가 행복한 기억만 소환하는 것은 아니다. 예전에 사귀던 남자 친구는 여름 내내 강력한 데오드란트를 뿌려대곤 했다. 그와 헤어졌

니스, 아브라카다브라 당신은 행복해진다

지만 데오드란트 향을 맡을 때마다 좋든 싫든 그의 얼굴이 가장 먼저 생각난다. 조금 꺼림칙하나 저절로 기억나는 것은 어떻게 할 수 없다.

낯선 여행지의 향기는 추억 그 자체가 된다. 당시엔 눈치채지 못한 단역이었을지라도 시간이 흐르면서 주인공이 되어 여행의 실체를 제법 뚜렷하게 그려내 준다. 적어도 나의 기억 속에 강렬한 인상으로 남아 있는 여행은 그렇다.

언젠가 배우 정유미 씨의 인터뷰를 읽은 적이 있다. 정유미 씨는 여행지에 도착한 날 새로운 향수를 구매한 후 여행 내내 그 향수만 뿌리고 다닌다고 했다. 여행이 끝난 후에도 그 향수를 뿌리면 언제라도 여행의 추억을 떠올릴 수 있도록 말이다. 처음으로 남의 여행을 흉내 내고 싶어졌다. 도시 이름이 부제로 붙는 향수라니, 얼마나 멋진가! 게다가 그 향수에는 나만의 추억이 가미되어 타인이 볼 땐 흔한 향이라도 내게는 특별한 의미가 될 테니까.

아비뇽, 보랏빛 향기

여행지에서 사진을 찍는 이유

"8년 전 오늘 올린 사진입니다. 확인하시겠습니까?"

페이스북은 이런 식으로 기억을 끄집어낸다. 8년 전 오늘 내가 어디서 뭘 했는지 친절히 알려주는 페이스북에 이끌려 사진을 클릭했다. 초점이 흔들린 사진 속 나는 모자를 눌러쓴 채 목에는 햇빛을 가리기 위해 파란 손수건을 두른 모습이었다. 쪼그려 앉은 자세로 스파게티 샌드위치—직접 만들었는지 허술해 보이는—를 어린아이에게 먹여주고 있었다. 입을 "아" 하고 크게 벌리고서.

대학교 2학년 때 필리핀으로 해외 봉사를 떠난 적이 있다. 14일 동안 시골 마을의 데이케어센터를 돌아다니면서 아이들의 수업을 진행하는 일이었다. 떠나기 전 팀원들과 회의를 통해 수업 교안도 짜고 필요한 물품도 구매하는 등 열심히 준비했다.

우리는 마닐라 국제공항에 도착하자마자 국내선으로 환승하여 두마게티라는 지역으로 향했다. 사실상 필리핀 수도 마닐라는 공항만 본 셈이다. 그렇게 도착한 두마게티 공항은 작고 후덥지근한 데다 사람들로 붐볐다. 솔직히 별로였다. 지금이야 동남아의 후덥지근한 날씨를 사랑하고 그리워하지만 그때는 동남아 첫 방문이었고 땀 흘리는 것도 질색이었기 때문에 약 보름 동안의 일정이 걱정되기 시작했다.

공항에서 작은 승합차를 타고 그 지역에서 가장 크다는 실리만 대학교로 향했다. 나름 교육의 도시로 유명하다고 들었는데 차창 밖으로 보이는 풍경은 꽤나 살벌했다. 가게 입구마다 총을 든 경비원이 서 있는 게 아닌가. 심지어 패스트푸드점인 졸리비 앞에까지! 우리가 경악을 금치 못하는 와중에 운전기사는 그런 우리를 보며 웃음을 터뜨렸다.

"원래 가게 앞에 다 있는 거야. 하하."

운전기사의 한마디에 우리는 더욱 웅성거렸다.

"원래 그런 거라니. 실제로 총기 난사 사태가 벌어지는 건 아니겠지?"

"에이, 설마…."

"근데 졸리비 앞에까지 있는 건 좀…. 애들이 보는데."

숙소에 도착해서 하루 정도 머문 후 다시 차를 타고 5시간쯤 이동했다. 목적지는 마비나이라는 시골 마을. 도로가 멀쩡히 깔려 있다는 게 신기할 정도로 열대림이 우거진 곳이었다. 엄청난 크기의 나무와 수풀에 입을 다물지 못했다. 어린아이가 난생처음 롯데월드에 간 느낌이 이런 걸까. 우리가 좁고 불편한 차 안에서 환호성을 지르며 사진을 찍고 난리를 떨자, 운전기사는 사진을 편하게 찍을 수 있도록 차를 잠시 세워주었다. 신났던 기분도 잠시. "띠링-." 차 안의 모든 휴대폰이 동시에 울렸다. 흔히 외국에 나가면 받게 되는 외교부의 안내 문자였다. 무시하려던 찰나, 단어 하나가 눈길을 끌었다. 내, 전, 지, 역.

"우리 지금 내전이 벌어지고 있는 곳으로 가는 거였어?"

뉴스에서 다루지 않는 이슈라 잘 몰라서 그렇지 필리핀 시골 마을, 특히 숲이 울창한 곳에서는 종교적 혹은 정치적 이유로 여전히 내전 중인 곳이 많다고 한다. 외교부의 문자를 본 이후로 울창한 숲이 더 이상 눈에 들어오지 않았다. 다들 얼떨떨한 기분이 되었다. 하지만 걱정도 잠시뿐. 5분 후 모두 잠에 곯아떨어졌다. 그래도 필리핀에 도착한 지 이틀째라고 적응이 됐는지 날씨는 견딜 만했다. 방갈로 같은 숙소에 도착해 짐을 풀고 식사를 하는데 누군가가 비명을 질렀다.

"꺄악! 도… 도마뱀!"

손가락만 한 크기의 앙증맞은 도마뱀이 태연하게 우리를 쳐다보고 있었다. 마치 인간 따위는 익숙하다는 듯 여유로운 자태였다. 눈앞에 쌓여 있는 망고를 먹느라 정신이 팔려 몰랐는데, 해가 지자 도마뱀이 방갈로 흰 벽 위를 심심찮게 기어다녔다.

체코, 프라하, 기록

도마뱀이라고 난리를 치면서도 사진 찍기 바빴던 우리 역시 일정이 지날수록 도마뱀이 발밑으로 지나가도 무감각해졌다. 다음 날부터 스쿨버스를 개조한 현지 이동 수단을 이용해서 하루에 한 곳씩 봉사 활동을 다니게 되었다.

데이케어센터는 미취학 아동을 맡아주는 보육원 같은 곳으로, 교실 하나에 2~6세 정도 되는 아이들이 모여 있다. 좁은 교실 안은 의자와 책상으로 가득 채워져 열악한 환경이었다. 센터 방문 첫날, 우리 일행은 줄지어 교실 안으로 들어섰다. 작은 의자에 앉아 반짝이는 눈동자로 우리를 바라보는 50명의 아이들을 대하자 나도 모르게 긴장하여 몸에 힘이 들어갔다. '정말 열심히 해야겠다.'

가장 기억에 남는 수업은 물감을 이용한 미술 활동이었다. 한창 열심히 설명하면서 물감을 늘어놓는데, 아기를 안고 참관 중이던 엄마가 질문했다.

"물감이 뭐예요?"

"튜브를 짜서 색깔을 이용해 그림을 그리는 도구예요."

"아니, 그림을 어떻게 튜브로 그려요?"

순간 말문이 막혔다. 알고 보니 아기 엄마는 인생 통틀어 물감을 그날 처음 접한 것이다. 당연히 알 거라 생각하고, 그림을 그리는 도구란 설명만 되풀이했던 나 자신이 부끄러웠다. 우리가 준비한 모든 것이 교실 안 아이들은 물론 함께하는 엄마들에게도 신기한 경험이었다. 다 같이 물감을 짜서 도화지에 뿌리고 다시 반으로 접어 데칼코마니를 만들었다. 그림을 교실 뒤 벽에 붙여 놓고 보니 새삼 뿌듯했다.

'우리는 이제 떠나고 없겠지만, 그림은 좀 더 남아 저 아이들에게 추억이 될 수 있겠지.'

사소한 것에도 기뻐하고 반응하는 아이들과 엄마들 덕분에 14일 내내 행복했다. 언어가 잘 통하지 않아도 소통하고 있음을 실감했다.

벌써 8년 전 일이다. 초등학생 혹은 중학생이 되었을 아이들이 우리 일행을 기억하고 있을까? 함께 불렀던 〈올챙이송〉을 여전히 흥얼거릴까? 언젠가 기회가 된다면 마비나이 마을을 다시 찾아가고 싶다. 여름철 피부에 닿는 더운 바람과 머리 위로 내리꽂히는 태양은 나를 바라보던 아이들의 밝은 미소와 생기 넘치는 눈동자를 떠올리게 만든다. 그때가 그립다. 덥고 모기에 물려 힘들었고, 벽화를 그리다 목에 화상을 입었지만 그래도 그립다. 사진 덕분에 오랜만에 옛날 생각이 나며 평범한 하루가 잠시 즐거워졌다.

'내가 필리핀으로 해외 봉사를 갔었구나. 이렇게 열정적으로 누군가에게 스파게티를 들이밀었다니….'

내가 사진을 찍는 가장 큰 이유는 대상에게 '좀 더 가까이' 다가가고 싶기 때문이다. 세계적인 사진작가 그룹 매그넘포토스의 창립자이자 전쟁보도 사진작가 로버트 카파는 이렇게 말했다.

"사진이 만족스럽지 않은 이유는 더 가까이 다가가지 않았기 때문이다."

온갖 설렘을 안고 도착한 여행지에서 더 큰 감동을 위해 최대한 가까이 다가가 자세히 들여다본다. 그리고 결정적인 순간 셔터를 누른다. 사진은 눈앞의 감동을 두고두고 떠올리기 위한 기록의 장치가 되고, 소중한 사람과 여행의 설렘을 공유하는 수단이 된다.

8년 전 어린아이에게 가까이 다가갔던 순간을 포착한 사진 한 장. 그 덕분에 12월 얼어붙은 서울 종로 거리엔 내가 좋아하는 동남아의 더운 바람이 불어왔다.

리스본행 티켓을 취소했다

이상과 현실은 일치하는 법이 없다. 이는 월요일 아침 지옥철을 타고 출근해서 회사 책상에 앉아 업무를 보든, 휴가를 내서 비행기의 좁은 좌석 안에 몸을 구겨 넣고 꿈꾸던 도시로 떠나든 어디에나 적용되는 법칙이다. 특히 익숙하지 않은 곳—여행지 같은—에선 간극이 더 커진다. 돌발 상황이 발생해서 중요한 순간을 망쳐버리기도 하고, 그 반대로 잊지 못할 추억을 선사하기도 한다. 세상에 완벽한 여행은 없다. 나 같은 경우에도 창피한 일화가 수두룩하다.

인도네시아 자카르타 인근 수카르노 하타 국제공항에서는 유심칩을 정가보다 열 배나 더 주고 구매했다. 가기 전에 사촌오빠한테 분명히 평균 판매가를 듣고 갔음에도 홀린 듯이 지불하고 말았다. 해외여행인데 깜빡하고 환전을 안 해간 적도 있고, 인천국제공항을 가야 하는데 김포국제공항으로 향했던 적도 있다. 심지어 승무원 생활을 할 때는 기내용 슈즈를 비행기에 두고 내려 다음 비행을 못 할 뻔했다. 당시에는 당황을 넘어 멘탈 붕괴 직전까지 갔지만, 결국 지금은 이렇게 유쾌한 실수담으로 써먹게 되었다.

지난 5월 말, 리스본행 비행기 티켓 날짜를 변경했다. 그 여행은 올해 6월 1일부터 약 2주간 포르투갈 곳곳을 누비며 에그타르트만 한 다스 먹겠다는 계획까지 세운, 소박한 퇴사 선물이었다 (나는 작년 말 카타르 항공을 그만두었다). 사실 코로나19가 전 세계를 잠식한 1월 초 진작 취소했어야 하지만, 4월 즈음 코로나19가 잠시 잠잠해지면서 쓸데없는 희망에 부풀었더랬다. '어쩌면 비행기 티켓을 취소하지 않아도 될지 몰라!'

그렇게 미루고 미루다 출국 예정일 4일 전에야 현실을 받아들이고 항공사의 서울 사무소에 전화했다. 뚜르르르. 신호만 가고 아무도 받지 않았다. 다음 날도, 그다음 날도. 이렇게 되니 초조해졌다. 사무소 직원들이 너무 바쁜 건지, 아니면 무급 휴가에 들어간 건지 연락이 닿을 방도가 없었다. 마침내 본사로 메일을 보냈고, 출국 10시간 전에야 겨우 일정을 바꿨다. 9월 13일 출국으로 (티켓 사용 기한이 있어서 최대한 늦춘다고 늦춘 날짜다). 그런데 결국 코로나19는 잠잠해질 기미가 보이지 않았고 나는 리스본행 티켓을 영영 포기해야만 했다.

이상한 나라의 토토로

포르투갈에 흥미가 생긴 계기는 정말로 단순하다. '포트와인' 때문이다. 국내 3대 백화점 주류 코너는 1년에 두 차례 대규모 세일을 감행한다. 와인을 대량으로 푸는데, 가격이 엄청 저렴하다. "와인은 술이 아니라 예술이다"라는 교수님의 가르침을 철저히 따르던 대학 시절, 할인 시기만 됐다 하면 와인을 박스째 구매해 쟁여놓곤 했다. 와인에 대해 아는 바가 없으니 언제나 매장 직원의 추천을 받았다.

한 번은 담당 직원이 투박한 병을 가져오더니 포트와인이라며 추천해 주었다. 얄따랗고 가녀린 와인병만 보다가 투박하고 두꺼운 데다 불투명한 병의 등장에 "저거 와인 맞아?"라는 말이 절로 튀어나왔다. 분명 좋아하실 거라는 직원의 말을 믿고 구매한 포트와인은 집에 오자마자 사라졌다.

그다음 주에 백화점에 들러 포트와인을 재구매했다. 그리고 엄마와 나는 달콤하고 독한 포트와인에 걸맞은 초콜릿 케이크의 왕자허토르테를 안주 삼아 또다시 한 병을 비웠다. 무거운데 텁텁하지 않고, 달콤하지만 질릴 정도는 아닌, 온갖 베리 향과 가끔 초콜릿 향까지 느껴지는 와인. 이토록 맛있는 와인을 왜 이제야 알게 된 건지 안타까울 지경이었다. 포트와인 덕분에 나는 그 명칭이 유래된 포르투라는 지역도 알게 되었다.

'이렇게나 맛있는 와인을 만드는 지역이라면 틀림없이 아름다울 거야.'

포르투는 포르투갈에서 두 번째로 큰 항구도시, 그러니까 우리나라로 치면 부산과 같은 곳이다. 도시 자체가 유네스코 세계문화유산으로 지정될 만큼 역사적으로 중요한 지역이다. 와인도 맛있고 건축물도 아름답고 개성마저 가득한 것이 나랑 딱 맞는 도시임에 분명했다. 당장이라도 달려가고 싶었다. 포르투갈에서는 슈퍼마켓에서도 에그타르트를 판매한다던데, 에그타르트를 안주 삼아 포트와인을 마시리라.

일단 방구석 여행부터 해보자 싶어 도서관에서 소설 《리스본행 야간열차》를 빌려왔다. 주인공 그레고리우스가 홀린 듯 찾아간 리스본은 아날로그 필터를 통해 보는 듯 아련한 아름다움을 간직하고 있었다. 딱 인스타그램 감성이었다.

몇 해 전, 유럽 도시를 돌아다니며 버스킹 하는 음악 예능 프로그램 〈비긴어게인 2〉의 촬영지로도 포르투와 리스본이 나왔다. 화창한 날씨만큼이나 비 오는 날도 좋아하는 나에게, 화면 속 비 내리는 포르투 거리가 유혹의 손길을 보내왔다. 어둠이 내려앉은 포르투 항구에 울려 퍼지던 김윤아의 〈샤이닝〉을 듣는 순간 결심했다. '반드시 저곳에 가야겠다.'

포르투갈 리스본은 카타르 항공에 근무할 때 승무원들 사이에서도 넘버원 비딩 도시였다. 유럽에서 손꼽히게 아름다운 거리 풍경과 역사적인 건축물은 물론이거니와 물가도 저렴하다. 게다가 치안도 안전해서 여자 혼자 여행하기에 최적의 도시라고 했다. 경유하는 한이 있더라도 반드시 가봐야 할 도시라는 것이다. 운 좋게 리스본 비행을 다녀온 동기는 마치 홍보 대사라도 된 것처럼 리스본의 아름다움을 입이 마르도록 찬양하며, 에그타르트 맛집으로 파스테이스 드 벨렘(Pasteis de Belem)을 강력 추천했다. 나는 현지에서 '1일 1타르트' 하는 것도 성에 안 찬 나머지, 얼린 에그타르트를 공수해 지인들에게 나눠주는 즐거운 상상까지 하던 참이었다. 그런데 이상과 현실은 도무지 일치하는 법이 없다.

아비뇽, 인생의 회전목마

지금 나는 포르투갈 리스본 대신 한국 내 방에 앉아 동네 파리바게뜨에서 사온 에그타르트를 먹으며 이 글을 쓰고 있다. 아니 솔직히 에그타르트가 맛있어 봐야 얼마나 맛있겠는가! 그게 그거다. (정신 승리를 거뒀다.)

더위가 스멀스멀 기어오고 있다. 떠나고 싶어 근질근질하다. 에그타르트도, 해산물도, 와인도 다 날아가 버렸지만 이렇게 또 하나의 일화를 적립한다. 훗날 코로나19 때문에 취소된 리스본 여행을 들먹이며 '진짜' 리스본 여행기를 풀어놓을 기회가 오리라 믿는다. 에잇, 오늘은 에그타르트나 하나 더 먹자.

밤 비행을 좋아하세요?

Aimez-vous le vol de nuit?

그대는 무엇을 경험하고 있나요?